MIX
Papier aus verantwortungsvollen Quellen
Paper from responsible sources
FSC® C105338

Dirk Middeldorf

Musik verkaufen im Internet

Mehr Erfolg durch Community-Features in Download-Shops

Diplomica® Verlag GmbH

Middeldorf, Dirk: Musik verkaufen im Internet: Mehr Erfolg durch Community-Features in Download-Shops, Hamburg, Diplomica Verlag GmbH 2012

ISBN: 978-3-8428-8968-2
Druck: Diplomica® Verlag GmbH, Hamburg, 2012

Bibliografische Information der Deutschen Nationalbibliothek:
Die Deutsche Nationalbibliothek verzeichnet diese Publikation in der Deutschen Nationalbibliografie; detaillierte bibliografische Daten sind im Internet über http://dnb.d-nb.de abrufbar.

Die digitale Ausgabe (eBook-Ausgabe) dieses Titels trägt die ISBN 978-3-8428-3968-7 und kann über den Handel oder den Verlag bezogen werden.

Inhaltsverzeichnis

1 Einleitung

1.1 Problemstellung

Der deutsche Musikmarkt befindet sich im Wandel von einem physischen Tonträgermarkt zu einem digitalen Musikmarkt. Während der Absatz an physischen Tonträgern, insbesondere der CD, zurückgeht, wächst der Musikdownload-Markt stark an, kann aber bei weitem nicht die Verluste der CD ausgleichen. Zudem tritt die Streaming-Technologie auf den Plan – ein ernstzunehmendes Konkurrenzprodukt zum Musikdownload, weil hohe Bandbreiten, günstiger Serverplatz, günstige Flatrates, schnelle Prozessoren und leistungsfähige mobile Endgeräte den Download von Dateien mittelfristig unnötig machen werden. Die Daten werden im Netz verwaltet, Streaming ist im Musikmarkt die richtige Technologie dafür. Aber auch mit Streaming-Geschäftsmodellen lässt sich bei weitem nicht so viel Geld verdienen wie mit physischen Tonträgern, weil die Kunden abgespielte Musik in der Regel nicht bereit sind, Geld zu bezahlen.

Ein weiteres Problem hängt mit der Kostenloskultur des Internets zusammen. Nur ein kleiner Prozentsatz der aus dem Internet herunter geladenen Dateien wird auch bezahlt. Die Digital Natives, die mit dem Internet groß gewordene Generation, hat kein Verständnis dafür, Geld für Dateien oder Dienstleistungen im Internet zu bezahlen. Mit dem Begriff „Urheberrecht“ kann sie wenig anfangen.

Das Problem lautet also: Wie kann in den nächsten Jahrzehnten mit Musik im Internet Geld verdient werden?

1.2 Zielsetzung

Ziel dieser Arbeit ist es, ein Geschäftsmodell für eine Musikdownload-Community zu entwickeln, mit der unter Berücksichtigung aller Gegebenheiten im Musikmarkt und in der Onlineökonomie Geld verdient werden kann. Gleichzeitig sollen allgemeine Erkenntnisse zum Wandel des deutschen

Musikmarktes und zu den aktuellen Entwicklungen in der Onlineökonomie gewonnen werden.

1.3 Vorgehensweise

Mittels der deduktiven Methode unter Hinzuziehung von wissenschaftlichen Literaturquellen werden im zweiten und dritten Teil dieser Arbeit zuerst der Musikmarkt und dann die Onlineökonomie untersucht. Im Zentrum der Untersuchungen zum Musikmarkt steht die Analyse des Wandels der Wertschöpfungskette in Deutschland. Hier werden die wichtigsten wirtschaftlichen Kennzahlen des Musikmarktes dargestellt.

Bei der Analyse der Entwicklungen in der Onlineökonomie werden die Thesen des amerikanischen Wirtschaftswissenschaftlers Chris Anderson in den Mittelpunkt gestellt. Diese finden sich in seinen Büchern „The Long Tail" und „Free". Sie werden mittels der dialektischen Methode mit den im Wesentlichen gegensätzlich ausgerichteten Thesen der deutschen Wirtschaftswissenschaftlerin Gisela Schmalz überprüft. Im Rahmen der eigenen Schlussforderungen wird auch eine Entscheidung für die grundsätzliche onlineökonomische Ausrichtung der Musikdownload-Community gefällt.

Im vierten und Hauptteil wird dann das eigentliche Geschäftsmodell entwickelt. Neben den bis dahin erarbeiteten Erkenntnissen werden die strategischen Instrumente der Branchenstrukturanalyse, des Marketing-Mixes sowie der Stärken-Schwächen-Analyse verwendet. Außerdem wurde eine empirische Befragung mit Nutzern von Musikdownloads zur Nutzung und zu Nutzungsmotiven durchgeführt, die in den Kapiteln 4.2.2.1 „Motive für kostenloses Downloaden" und 4.2.2 „Preispolitik" ausgewertet wird. Innerhalb der Befragung wurde auch ein Konzepttest (Kapitel 4.3) durchgeführt, um die Akzeptanz der Musikdownload-Community mit zwei Konkurrenzangeboten abzugleichen.

In einem abschließenden Fazit werden die wichtigsten Erkenntnisse der Arbeit noch einmal zusammengefasst und kritisch gewürdigt.

2 Der deutsche Musikmarkt im Wandel

In diesem Kapitel wird zuerst dargestellt, wie sich der Musikmarkt in den vergangenen zehn Jahren gewandelt hat. Die Glieder der Wertschöpfungskette werden einzeln beleuchtet. Umsatz- und Absatzzahlen werden zur Hilfe genommen. Insbesondere werden Gründe für den Umsatzrückgang gesucht.

Die Wertkette in der Musikindustrie befindet sich im Umbruch. So, wie Bernd W. Wirtz sie in seinem Standardwerk „Medien- und Internetmanagement" noch 2006 aufgezeichnet hat, kann sie schon heute nicht mehr dargestellt werden:[1]

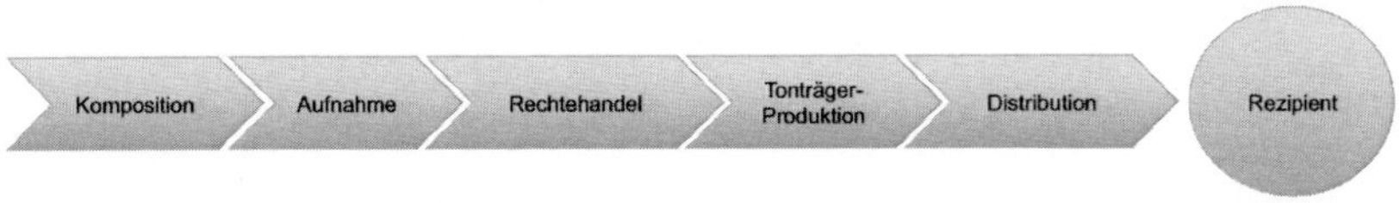

Abbildung 2–1. Wertkette der Musikwirtschaft nach Wirtz.
Quelle: *Wirtz, B. W.*: Medien- und Internetmanagement, 2006, S. 476. Eigene Grafik.

Die Trennung von Komposition und Aufnahme hebt sich bei den unabhängigen Labels immer mehr auf und wird häufig in einem Prozessschritt vom Künstler selbst erledigt, denn auch die Produktionsmittel wurden digitalisiert und somit den Künstlern selbst zugänglich gemacht. Oft fehlen auch schlicht die Budgets, die Aufnahme in einem Tonstudio überhaupt noch zu finanzieren. Die Tonträgerproduktion wird durch den Vormarsch der Musik-Downloads ebenfalls weniger wichtig und fällt bei kleinen Labels sogar schon weg – sie verkaufen Musik nur noch im Dateiformat. Das hat natürlich auch einen Einfluss auf die Distribution, die verstärkt über das Internet stattfindet. Der immer wichtiger werdende Event-Bereich wurde von Wirtz noch nicht einzeln betrachtet. Die diesem Kapitel zugrunde liegende Wertkette wurde in Anlehnung an den Spiegel entwickelt.[2]

Abbildung 2–2. Aktualisierte Wertkette der Musikwirtschaft.
Quelle: http://www.spiegel.de/flash/flash-24077.html (27. Okt. 2010). Eigene Grafik.

[1] Vgl. *Wirtz, B. W.*: Medien- und Internetmanagement, 2006, S. 476.
[2] Vgl. http://www.spiegel.de/flash/flash-24077.html (27. Okt. 2010).

2.1 Musiker & Produzenten

Die Musiker sind der Produktkern der Musikwirtschaft, sie komponieren die Musik und produzieren sie vielfach auch selbst mit Hilfe von Produktions- und Aufnahmesoftware. Heute ist es möglich, ganze Songs am Rechner zu erstellen. Produktionen mit hohem Qualitätsanspruch werden weiterhin in Tonstudios hergestellt, wo sich Tontechniker um Aufnahme, Mischung und Mastering der Songs kümmern.

Der Musiker schließt einen Künstlervertrag mit dem Label und erhält einen Umsatzanteil (ca. 9-14 Prozent des so genannten Händlerabgabepreises, also des Preises, den der Händler an den Vertrieb zahlt). Bei Bandübernahmeverträgen werden bis zu 25 Prozent des Gewinnes an den Künstler ausgezahlt. In diesem Fall ist das Label nicht in die Produktion mit eingebunden, der Künstler hat diese Aufgabe selbst erledigt oder bezahlt. Musiker werten hierbei ihre Urheberrechte aus, Produzenten und weitere an der Produktion Beteiligte wie zum Beispiel Bandmitglieder oder Studiomusiker können ihre so genannten Leistungsschutzrechte auswerten, also die Rechte, die sie für die Abgabe einer Leistung im Tonstudio erlangt haben. Produzenten erhalten in der Regel 3-4 Prozent vom Händlerabgabepreis. Zusätzliche Musiker werden normalerweise mit festen Honoraren ohne weitere Rechte bezahlt (Total Buy-out).[3]

---

[3] Vgl. http://www.spiegel.de/flash/flash-24077.html (27. Okt. 2010).

2.2 Verlage & Verwerter

Verlage werten die Urheber- und Leistungsschutzrechte der Künstler aus, sofern dieser das nicht selbst tut. Für die beiden Rechte gibt es jeweils einen Verwerter: die Gema und die GVL. Dafür erhalten die Verlage einen Anteil von den Einnahmen des Künstlers, in der Regel etwa 40 Prozent. Alle Major-Labels haben eigene Verlage, um ihre Musik selbst auswerten zu können. Sie nehmen damit einen Teil der Lizenzgebühren wieder ein, die sie an die Verwerter zahlen müssen. Deswegen gründen auch kleinere Labels verstärkt Verlage.[4]

Die Gema mit Sitz in München treibt festgelegte Lizenzgebühren für die Erstverwertung, das heißt die Vermarktung der Musik via Tonträger oder Musik-Download ein und verteilt sie nach Abzug der eigenen Verwaltungskosten an die Künstler, die Gema-Mitglied sind.[5]

Die GVL mit Sitz in Berlin nimmt die Gelder für die Leistungsschutzrechte ein – die so genannte Zweitverwertung. Die Leistungsschutzrechte betreffen alle an der Aufnahme Beteiligten Künstler und Produzenten, also auch die Urheber der Musik selbst. Als Zweitverwertung wird das Abspielen der Musik im Radio, in der Diskothek oder an sonstigen Orten, in Filmen und Werbespots etc. bezeichnet. Die Gebühren werden bei Sendern, Kabelbetreibern, Diskotheken und Gaststätten etc. eingenommen und an die Mitglieder verteilt.[6]

---

[4] Vgl. http://www.spiegel.de/flash/flash-24077.html, http://www.emimusicpub.com/,http://www.warnerchappell.com/, http://www.universal-music-publishing.de. Universal hat 2007 den Musikverlag des vierten Majors – BMG Music Publishing – übernommen, vgl. http://www.handelsblatt.com/unternehmen/it-medien/universal-darf-bmg-musikverlagsgeschaeft-haben;1271674 (alle 27. Okt. 2010)

[5] Vgl. http://www.gema.de/ (27. Okt. 2010).

[6] Vgl. https://www.gvl.de/ (27. Okt. 2010).

2.3 Label und Tonträgerhersteller

Labels erwerben vom Künstler das Recht, Musikstücke zu vervielfältigen und zu verbreiten. Sie finanzieren die Produktion der Musik, die Tonträgerherstellung sowie die Marketing- und Vertriebskosten und zahlen dem Künstler einen Vorschuss. Bei kleineren Labels sind Vorschüsse nicht mehr üblich, weil vielfach kaum noch davon ausgegangen wird, dass die Labelarbeit an sich noch relevante Gewinne abwirft. Bei kleineren Labels sind Bandübernahmeverträge mit einer hälftigen Teilung der Reingewinne üblich, wobei der Künstler fertig produzierte Stücke anliefert. Das Label besorgt dann meist noch das Mastering, die Zusammenarbeit mit dem Vertrieb sowie die Promotion. Verstärkt treten auch so genannte Netlabels auf den Plan, die keine Tonträger mehr herstellen, sondern ihre Musik ausschließlich im Internet selbst vertreiben – entweder über Intermediäre wie zum Beispiel Finetunes oder Kontor New Media, über den Direktvertrieb an Shops, eigene Shops oder sogar kostenlos.[7]

Knapp 72 Prozent des Marktes werden den vier großen Labels EMI Music, Universal Music, Warner Music und Sony Music dominiert.[8] Den Rest teilen sich die Independent-Labels.

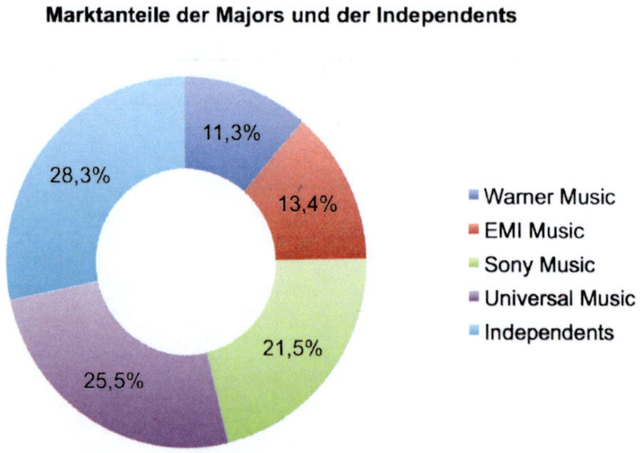

Abbildung 2–3. Marktanteile der Majors und der Independents.
Quelle: *Wirtz, B. W.*: Medien- und Internetmanagement, 2006, S. 461. Eigene Grafik.

---

[7] Vgl. http://netlabels.de/ (27. Okt. 2010).
[8] Vgl. *Wirtz, B. W.*: Medien- und Internetmanagement, 2006, S. 461.

Labels versuchen heute verstärkt, mit so genannten 360-Grad-Verträgen Umsatzverluste wettzumachen. Damit ist gemeint, dass die Labels auch ins Verlagsgeschäft einsteigen, Booking-Agenturen gründen, um am Live-Geschäft partizipieren zu können sowie Merchandising-Artikel verkaufen.[9]

2.3.1 Umsatz & Absatz

Das Gesamtumsatzvolumen des Musikmarktes lag 2009 bei 1,803 Mrd. Euro – 2,1 Prozent weniger als 2008 (1,842 Mrd. Euro). Ein genauerer Blick offenbart, dass der Grund beim Musikverkauf (- 3,3 Prozent) zu suchen ist, da die neuen Geschäftsfelder um 11 Prozent steigen.[10]

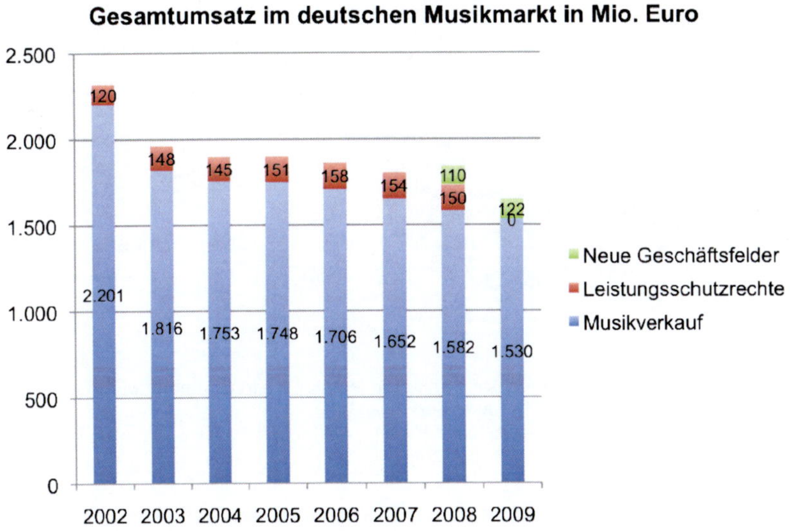

Abbildung 2–4. Gesamtumsatz im deutschen Musikmarkt in Mio. Euro, ermittelt durch media control/GfK Panel Services/GVL, Endverbrauchs-preise inkl. Mehrwertsteuer + Gesamterträge der GVL.
Quelle: *Bundesverband Musikindustrie e.V.*: Jahreswirtschaftsbericht 2009, 2010, S. 12. Eigene Grafik.

---

[9] Vgl. http://www.spiegel.de/thema/musikmarkt/ (27. Okt. 2010).
[10] Vgl. *Bundesverband Musikindustrie e.V.*: Jahreswirtschaftsbericht 2009, 2010, S. 12.

Der Umsatz geht immer noch zum größten Teil auf physische Tonträger, also in erster Linie die CD, zurück (78 Prozent, 147,3 Mio. CDs). Lediglich 9 Prozent werden über digitale Absatzwege erreicht (Downloads, Abos und werbefinanzierte Modelle). 4 Prozent entfallen auf den Bereich Live, Merchandise, Künstlermanagement etc. 8 Prozent werden aus Leistungsschutzrechten erwirtschaftet.[11]

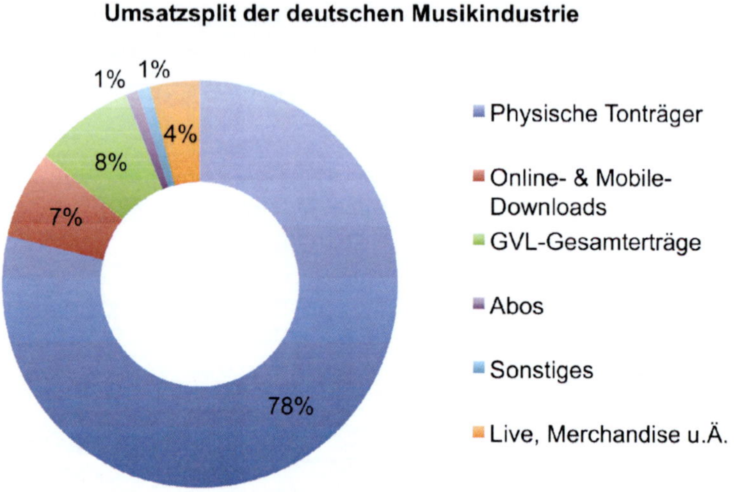

Abbildung 2–5. Umsatzsplit der deutschen Musikindustrie, ermittelt durch media control/GfK Panel Services/GVL.
Quelle: *Bundesverband Musikindustrie e.V.*: Jahreswirtschaftsbericht 2009, 2010, S. 13. Eigene Grafik.

Von 2000-2009 ist der CD-Absatz um 5 Prozentpunkte zurückgegangen. Von 2004-2009 hat sich der Absatz von Downloads zu einem relevanten Anteil verachtfacht.[12]

---

[11] Vgl. *Bundesverband Musikindustrie e.V.*: Jahreswirtschaftsbericht 2009, 2010, S. 13.
[12] Vgl. *Bundesverband Musikindustrie e.V.*: Jahreswirtschaftsbericht 2009, 2010, S. 13.

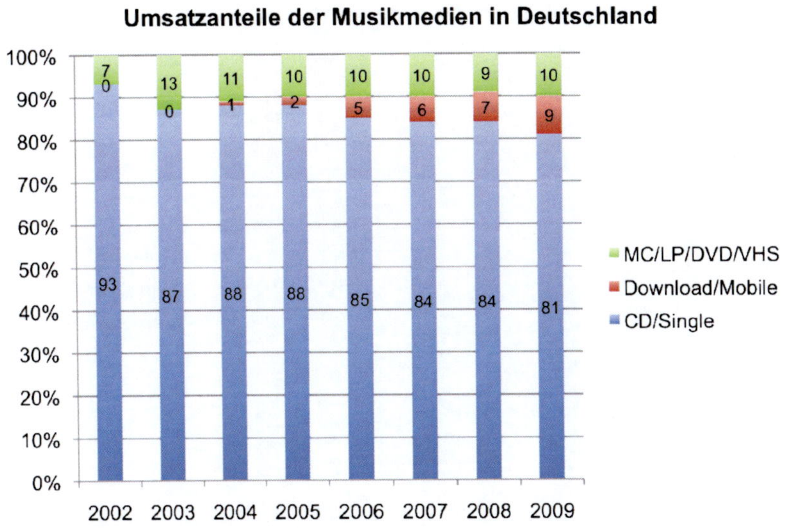

Abbildung 2–6. Umsatzanteile der Musikmedien in Deutschland, ermittelt durch Bundesverband der Musikindustrie e.V., ab 2008 durch media control/GfK Panel Services.
Quelle: *Bundesverband Musikindustrie e.V.*: Jahreswirtschaftsbericht 2009, 2010, S. 21. Eigene Grafik.

Für den Anstieg des Downloadumsatzes in 2009 um über 34,9 Prozent im Vergleich zum Vorjahr (Umsatzvolumen 2009: 118,2 Mio. Euro,[13] 49,2 Mio. Single-Downloads und 7,6 Mio. Download-Bundles[14]) ist vor allem der erhöhte Absatz von Bundles verantwortlich. 52 Prozent der Umsätze gehen auf Bundles zurück, in 2009 erstmals mehr als auf Single-Downloads (40 Prozent).[15]

---

[13] Vgl. *Bundesverband Musikindustrie e.V.*: Jahreswirtschaftsbericht 2009, 2010, S. 15.
[14] Vgl. *Bundesverband Musikindustrie e.V.*: Jahreswirtschaftsbericht 2009, 2010, S. 20.
[15] Vgl. *Bundesverband Musikindustrie e.V.*: Jahreswirtschaftsbericht 2009, 2010, S. 15.

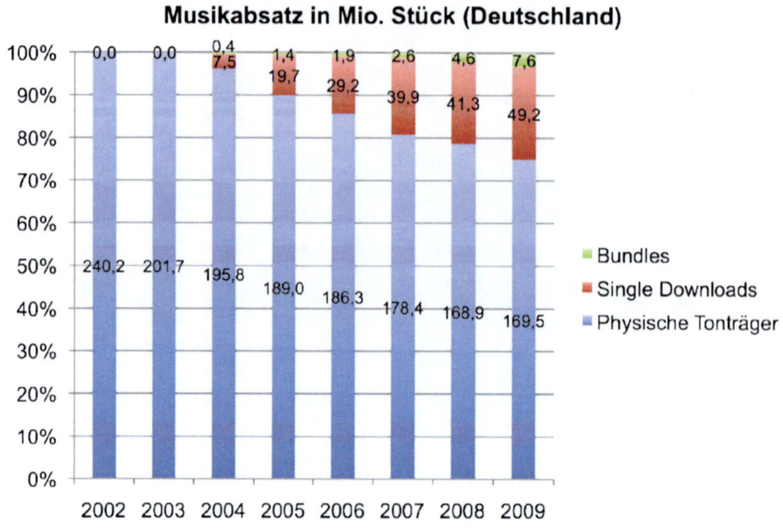

Abbildung 2–7. Musikabsatz in Mio. Stück (Deutschland), ermittelt durch Bundesverband der Musikindustrie e.V., ab 2008 durch media control/GfK Panel Services.

Quelle: *Bundesverband Musikindustrie e.V.*: Jahreswirtschaftsbericht 2009, 2010, S. 13. Eigene Grafik.

Die CD-Single wird zum Nischenprodukt (5,7 Mio. in 2009, 25 Prozent weniger als in 2008[16] – 7,6 Mio. Stück[17]). Single-Downloads treten an die Stelle und werden die Single-CD schon bald ganz ablösen.[18] Allerdings sind die Käufer im immer stärkeren Maße für digitale Bundles zu begeistern (Absatzsteigerung von 2008 auf 2009 um 65 Prozent[19]), was den Schluss nahe legt, dass auch bald die CD-Alben von Download-Bundles abgelöst werden.

In Deutschland herrscht im Gegensatz zu vielen anderen europäischen Ländern ein harter Wettbewerb unter digitalen Musik-Services. 40 kommerzielle Anbieter wurden vom Bundesverband Musikindustrie e.V. gezählt.[20]

---

[16] Vgl. *Bundesverband Musikindustrie e.V.*: Jahreswirtschaftsbericht 2009, 2010, S. 13.
[17] Vgl. *Bundesverband Musikindustrie e.V.*: Jahreswirtschaftsbericht 2009, 2010, S. 20.
[18] Vgl. *Bundesverband Musikindustrie e.V.*: Jahreswirtschaftsbericht 2009, 2010, S. 20.
[19] Vgl. *Bundesverband Musikindustrie e.V.*: Jahreswirtschaftsbericht 2009, 2010, S. 20.
[20] Vgl. *Bundesverband Musikindustrie e.V.*: Jahreswirtschaftsbericht 2009, 2010, S. 22.

2.3.2 Wandel vom Tonträgermarkt zum digitalen Musikmarkt

Wir befinden uns in einer Zeit des Wandels von einem physischen Tonträgermarkt zu einem digitalen Musikmarkt. Im Jahr 2009 dominiert weiterhin die CD den Markt. Der Downloadverkauf konnte allerdings bislang den stetigen Umsatzrückgang der vergangenen Jahren nicht wettmachen.[21] Es ist aber Besserung in Sicht. Zum einen werden neue Geschäftsfelder immer wichtiger und erreichen höhere Anteile zu Lasten des Musikverkaufs, zum anderen steigen die Downloadumsätze beständig an.[22]

Ein entscheidender Zeitpunkt für die Zukunft des Musikmarktes wird der Moment sein, an dem die Erlöse aus dem digitalen Geschäft die fehlenden Erlöse der physischen Produkte kompensieren. Die GfK hat diesen Moment nach Schätzungen für 2013 ermittelt.[23]

Wachstumstreiber sollen neben erfolgreichen Produkten im Download-Markt (siehe Erfolg der Bundles) auch neue Dienstleistungen wie Abos, Musik-Bundles mit Internet- oder Mobilfunkzugängen, Lizenzen oder werbefinanzierte Angebote kommen.[24]

2.3.3 Gründe für den Umsatzrückgang

Landläufig wird hauptsächlich die Downloadpiraterie für den Umsatzrückgang verantwortlich gemacht. Die folgende Grafik legt nahe, diese Aussage nachzuvollziehen. Würden alle aus dem Internet herunter geladenen Songs gekauft worden sein, wären die Rückgänge im CD-Absatz schon längst amortisiert worden. Michael Huber verweist auf eine Studie, die widerlegt, dass die Piraterie in relevantem Maße für den Umsatzrückgang verantwortlich ist.[25]

---

[21] Vgl. *Tschmuck, P.*: Vom Tonträger zur Musikdienstleistung, in: Gensch, G, et al (Hrsg.): Musikrezeption, Musikdistribution und Musikproduktion, 2009, S. 150.

[22] Vgl. *Bundesverband Musikindustrie e.V.*: Jahreswirtschaftsbericht 2009, 2010, S. 16.

[23] Vgl. *Bundesverband Musikindustrie e.V.*: Jahreswirtschaftsbericht 2009, 2010, S. 16.

[24] Vgl. *Bundesverband Musikindustrie e.V.*: Jahreswirtschaftsbericht 2009, 2010, S. 16.

[25] Vgl. *Huber, M.*: Digitale Musikdistribution und die Krise der Tonträgerindustrie, in: *Gensch, G.*, et al (Hrsg.): Musikrezeption, Musikdistribution und Musikproduktion, 2009, S. 165. Huber verweist auf die Studie „The Effect of File Sharing on Record Sales“ von Oberholzer und Strumpf aus dem Jahr 2004.

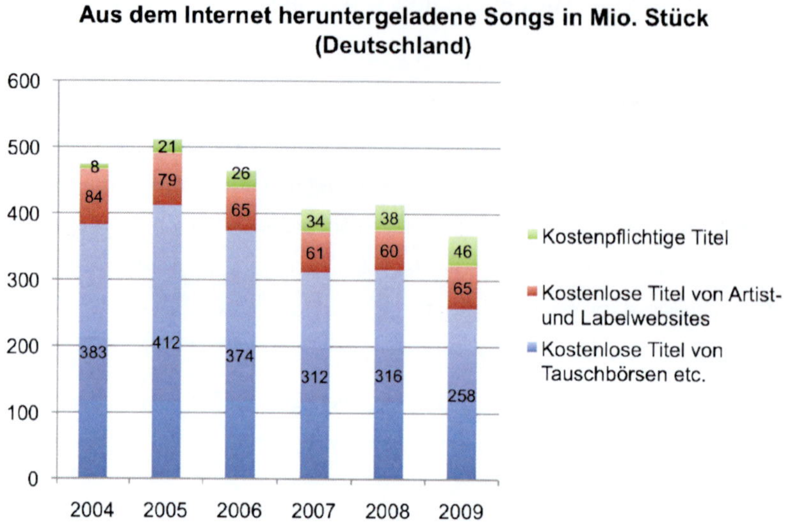

Abbildung 2–8. Aus dem Internet herunter geladene Songs in Mio. Stück (Deutschland), ermittelt durch GfK Panel Service (Brennerstudie).
Quelle: *Bundesverband Musikindustrie e.V.*: Jahreswirtschaftsbericht 2009, 2010, S. 26. Eigene Grafik.

Ein genauerer Blick auf die Nutzung offenbart ein anderes Bild: Am häufigsten genutzt werden kostenpflichtige Downloadplattformen, Online-Radios und offizielle Webseiten von Künstlern, Bands und Musikfirmen. Streamripping,[26] P2P-Netzwerke[27] oder Torrent-Dienste[28] werden weitaus weniger genutzt, hier werden aber pro Nutzung wesentlich mehr Dateien heruntergeladen und gestreamt als bei den legalen Nutzungsmöglichkeiten. Wenn diese Nutzer auf legale, kostenpflichtige Angebote umsteigen würden, würde der Anteil an Dateien pro Nutzung rapide sinken. Es ist also unwahrscheinlich, dass illegale, kostenlose Dateinutzungen in relevantem Maße durch legale, kostenpflichtige ersetzt werden. Hintergrund ist die Kostenlos-Kultur eines großen Teils der Webnutzer, für die es völlig normal ist, für Dateien kein Geld zu bezahlen. Darauf wird im nächsten Kapitel dieser Arbeit konkret eingegangen.

[26] Das Aufzeichnen und Downloaden von gestreamter Musik auf Seiten wie You Tube oder Soundcloud.
[27] Online-Gemeinschaften, die Dateien über spezielle Softwarelösungen austauschen.
[28] Weiterentwicklung der P2P-Dienste mit ähnlicher Funktionsweise.

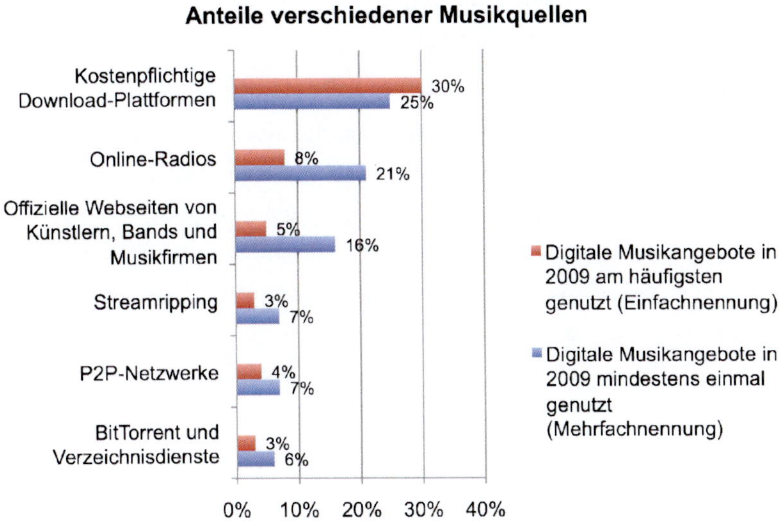

Abbildung 2–9. Anteile verschiedener Musikquellen, ermittelt durch GfK Panel Service (Brennerstudie).
Quelle: *Bundesverband Musikindustrie e.V.*: Jahreswirtschaftsbericht 2009, 2010, S. 27. Eigene Grafik.

Auch für Peter Tschmuck sieht die Wahrheit anders aus: Es sei die Digitalisierung selbst, die für die Misere der Tonträgerindustrie verantwortlich ist, sagt er. Die Tonträgerindustrie habe die Musik zuerst digitalisiert und dann versucht, sie nach den alten Regeln der Industrie als physische Tonträger zu verkaufen.[29] Das ging eine zeitlang gut, im Jahr 2000 brach dann aber der Absatz des Produktes CD ein. Der gesamte Marktzuwachs, den die CD der Tonträgerindustrie beschert hat, war im Jahr 2000 wieder verloren.[30] Michael Huber weist darauf hin, dass es einen künstlich generierten Umsatzzuwachs durch die Umstellung von Vinyl auf CD gegeben hätte und nun lediglich der Normalzustand wieder hergestellt wurde.[31] Das Problem ist von damals bis heute, dass

[29] Vgl. *Tschmuck, P.*: Vom Tonträger zur Musikdienstleistung, in: *Gensch, G., et al (Hrsg.)*: Musikrezeption, Musikdistribution und Musikproduktion, 2009, S. 147.
[30] Vgl. *Tschmuck, P.*: Vom Tonträger zur Musikdienstleistung, in: *Gensch, G.*, et al (Hrsg.): Musikrezeption, Musikdistribution und Musikproduktion, 2009, S. 147.
[31] Vgl. *Huber, M.*: Digitale Musikdistribution und die Krise der Tonträgerindustrie, in: *Gensch, G.*, et al (Hrsg.): Musikrezeption, Musikdistribution und Musikproduktion, 2009, S. 166.

es nicht mehr gelang, alternative, physische Produkte zu entwickeln, die die Absatzverluste hätten ausgleichen können.[32]

Auf der anderen Seite ist seitdem das nicht-physische, materielle Produkt Musikdownload auf dem Vormarsch – nur hat es die Musikindustrie nicht verstanden, dieses Produkt gewinnbringend auf dem Markt zu platzieren. Obwohl das Produkt Musikdownload völlig andere Eigenschaften als ein physisches Produkt hat, wurde versucht, Downloads wie physische Musikprodukte zu vermarkten. „Die neue Technologie passte schlicht und einfach nicht in die Denk- und Handlungsroutinen der Verantwortlichen der Tonträgerfirmen", schreibt Peter Tschmuck in seinem Aufsatz „Vom Tonträger zur Musikdienstleistung".[33]

In diesem Zusammenhang müssen auch die neuen Marktteilnehmer betrachtet werden, die zum größten Teil nicht zur klassischen Musikindustrie gehören, sondern der Internetbranche zugerechnet werden müssen. Die Umsätze gehen also auch deshalb zurück, weil sie in andere Branchen wandern. Interessant ist in diesem Zusammenhang auch, dass der Internet-Branchenverband Bitkom in seinen Statistiken den Umsatz mit Musikdownloads in der Rubrik „E-Commerce" aufführt.[34] Der Fortschritt bei Prozessorleistung und Übertragungsraten haben diese Wanderung in die Internetbranche erst möglich gemacht.

Michel Clement macht für die Misere der Musikindustrie vor allem eine falsche Produkt- und Preispolitik der Tonträgerhersteller verantwortlich. Die Hersteller hätten nicht verstanden, dass die Musik und die Musiker das Produkt sind.[35] Stattdessen wurde die CD selbst als das Produkt angesehen, das billig hergestellt werden, und – sofern sich interessante Inhalte auf dieser CD befinden – in großen Mengen mit hohen Deckungsbeiträgen abgesetzt werden kann. Dabei war schon damals die Musik das Produkt und die CD das Distributionsmedium. Das Distributionsmedium Musikdownload hat aber ganz andere Eigenschaften;

---

[32] Vgl. *Tschmuck, P.*: Vom Tonträger zur Musikdienstleistung, in: *Gensch, G.*, et al (Hrsg.): Musikrezeption, Musikdistribution und Musikproduktion, 2009, S. 149.
[33] Vgl. *Tschmuck, P.*: Vom Tonträger zur Musikdienstleistung, in: *Gensch, G.*, et al (Hrsg.): Musikrezeption, Musikdistribution und Musikproduktion, 2009, S. 157.
[34] Vgl. http://www.bitkom.org/de/markt_statistik/64038_62526.aspx (27. Okt. 2010).
[35] Vgl. *Clement, M. et al (Hrsg.)*: Ökonomie der Musikindustrie, 2008, S. 4.

die klassischen Regeln der Produktpolitik funktionierten nicht mehr, und die Deckungsbeiträge sanken. Das Distributionsmedium Musik-Download funktioniert nach den Regeln der Onlineökonomie und des E-Commerces. Das dafür notwendige Know-how besaß die Tonträgerindustrie nicht, wohl aber die neuen Player wie Apple, Amazon, Nokia etc.[36]

Ein Beispiel ist die Entbündelung der Musik: Musik-Downloads werden vor allem einzeln genutzt. Webnutzer sind es gewohnt, sich aus dem unbegrenzten Angebot des Internets Teile zusammenzusuchen und neu zusammenzusetzen. Cover und Begleitinfos, Songtexte und sogar Song- und Künstlernamen wurden weniger wichtig.[37]

Zuletzt vermutet Michel Clement noch einen – allerdings noch empirisch zu bestätigenden – Rückgang der Zahlungsbereitschaft bei den Konsumenten, der schlicht und einfach das Umsatzpotenzial und damit auch das Umsatzvolumen schmälern lässt.[38]

2.4 Vertrieb und Handel

Tonträger werden in der Regel von den Majors selbst an den Handel vertrieben. Für den Independent-Bereich gibt es kleinere Vertriebe, die oft auf Genres spezialisiert sind, wie zum Beispiel Word and Sound[39] in Hamburg für Dance Music oder Cargo Records[40] für Rock Music in Wuppertal.

Immer wichtiger werden Onlinedistributoren, die Musikdownloads zum Endkunden bringen. Hier tut sich die Tonträgerindustrie sehr schwer und musste Marktanteile an branchenfremde Dienste wie iTunes oder Amazon abgeben. iTunes ist das gelungen, was der Musikindustrie nicht gelungen ist: Mit einem Onlineshop erfolgreich die Musik direkt zum Kunden zu bringen. Die Rolle der Vertriebe nehmen hierbei die Intermediäre wie Finetunes oder Kontor New Media wahr, oder die Labels bringen ihre Produkte direkt in die Shops.

---

[36] Vgl. *Tschmuck, P.*: Vom Tonträger zur Musikdienstleistung, in: *Gensch, G.*, et al (Hrsg.): Musikrezeption, Musikdistribution und Musikproduktion, 2009, S. 159.
[37] Vgl. *Clement, M. et al (Hrsg.)*: Ökonomie der Musikindustrie, 2008, S. 5.
[38] Vgl. *Clement, M. et al (Hrsg.)*: Ökonomie der Musikindustrie, 2008, S. 6.
[39] Vgl. http://www.wordandsound.net/ (27. Okt. 2010).
[40] Vgl. http://www.cargo-records.de/ (27. Okt. 2010).

Am weitesten verbreitet ist der Vertrieb von Musikdownloads mit einem Preis pro Download (iTunes, Amazon). Es gibt aber auch Abomodelle, wie zum Beispiel Napster, oder Modelle, bei denen die Musik nicht als Download angeboten, sondern gestreamt wird.[41] Auf die populärsten Download- und Streaming-Dienste wird im Rahmen einer Branchenstrukturanalyse im vierten Kapitel dieser Arbeit noch einmal konkret eingegangen.

Im Handel konkurrieren beim Verkauf von Tonträgern Elektrofachmarkt (Umsatzanteil 29 Prozent) und Internet (21 Prozent). Download- und Mobile-Händler machen zusammen 10 Prozent des Umsatzes aus. Aus dem klassischen Plattenladen (Medienfacheinzelhandel) kommen nur noch 3 Prozent des Umsatzes, aus Katalogen 6 Prozent (Versandhandel).[42]

Die folgende Grafik teilt die Händler in Katalog, Geschäft und Internet ein. Die Umsatzanteile sehen dann wie folgt aus:

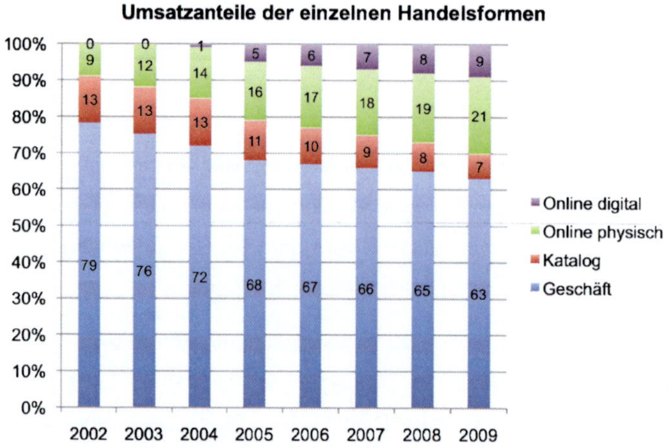

Abbildung 2–10. Umsatzanteile der einzelnen Handelsformen, ermittelt durch GfK Panel Services.

Quelle: *Bundesverband Musikindustrie e.V.*: Jahreswirtschaftsbericht 2009, 2010, S. 34. Eigene Grafik.

---

[41] Vgl. *Huber, M.*: Digitale Musikdistribution und die Krise der Tonträgerindustrie, in: *Gensch, G.*, et al (Hrsg.): Musikrezeption, Musikdistribution und Musikproduktion, 2009, S. 174.

[42] Vgl. *Bundesverband Musikindustrie e.V.*: Jahreswirtschaftsbericht 2009, 2010, S. 34.

2.5 Booking & Künstlermanagement

Der Absatz von Tonträgern sinkt, das Live-Geschäft hingegen boomt – im Umsatz hat der Veranstaltungsbereich den Tonträgermarkt längst überholt.[43] Davon profitieren Agenturen, die sich auf das Buchen und Managen von Künstlern spezialisiert haben. Booker arbeiten unabhängig auf Provisionsbasis (15-20 Prozent), oft übernehmen aber auch wie oben beschrieben im Rahmen von 360-Grad-Verträgen Labels den Job. Die Agenturen managen den Künstler auch gegenüber Verlagen und Labels und organisieren Touren.[44]

2.6 Konsumenten

Der Anteil der Menschen, die in Deutschland Musik kaufen, lag 2009 bei 39,8 Prozent. Die so genannten Intensivkäufer, die mehr als neun Produkte pro Jahr kaufen, stiegen von 4,3 Prozent (2008) auf 4,7 Prozent (2009). Sie sind für 34 Prozent des gesamten Musikmarktes verantwortlich. Die Gelegenheitskäufer (ein bis drei Produkte pro Jahr) machen mit einer Reichweite von 26 Prozent 39 Prozent des Umsatzes aus, die Durchschnittskäufer (vier bis neun Produkte pro Jahr) mit einer Reichweite von 9 Prozent 28 Prozent und die Intensivkäufer mit einer Reichweite von 5 Prozent 34 Prozent des Umsatzes.[45]

---

[43] *Köller, A.*: Concert Booking, in *Schneider, B. / Weinacht, S. (Hrsg.)*: Musikwirtschaft und Medien, 2009, S. 197ff.

[44] Vgl. http://www.spiegel.de/flash/flash-24077.html (27. Okt. 2010).

[45] Vgl. *Bundesverband Musikindustrie e.V.*: Jahreswirtschaftsbericht 2009, 2010, S. 38.

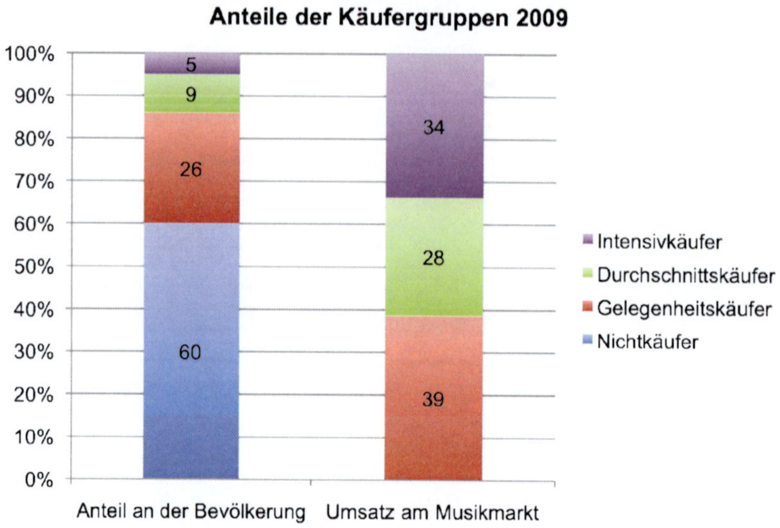

Abbildung 2–11. Anteile der Käufergruppen 2009, ermittelt durch GfK Panel Services.
Quelle: *Bundesverband Musikindustrie e.V.*: Jahreswirtschaftsbericht 2009, 2010, S. 39. Eigene Grafik.

Die Konsumenten werden zudem immer älter. Besonders der Bereich von 40 bis 49 Jahren erreicht mit 54 Prozent der Gesamtbevölkerung einen Höchstwert, genauso wie der Bereich 50+ mit 28 Prozent. Die jüngeren Zielgruppen verlieren dagegen Anteile.[46] Grund hierfür wird vor allem die Onlineaffinität der Digital Natives sein, die gelernt haben, dass im Internet alles umsonst ist und gar nicht auf die Idee kommen, dort für Musik Geld auszugeben.

---

[46] Vgl. *Bundesverband Musikindustrie e.V.*: Jahreswirtschaftsbericht 2009, 2010, S. 40.

2.7 Zusammenfassung und Ausblick

Der deutsche Musikmarkt hat in den vergangenen zehn Jahren einen erheblichen Wandel durchlaufen. Grund hierfür ist im Wesentlichen das Internet und die Digitalisierung. Das physische Produkt „Tonträger“ wird Schritt für Schritt durch digitale Alternativen ersetzt. Das Internet und die stetige Erhöhung der Bandbreiten fördert die Verbreitung von digitalen Musikprodukten zu Lasten der Tonträger. Die Tonträgerhersteller haben die Zeichen der Zeit zu spät erkannt und zu lange versucht, Dateien wie Tonträger zu verkaufen. In den Markt sind Unternehmen der Onlineökonomie eingetreten und haben signifikante Anteile errungen, und den Unternehmen aus der Musikwirtschaft fehlen die Konzepte, diese Marktanteile zurückzuerlangen. Das Internet hat durch seine direkten Distributionswege die Wertschöpfungskette durcheinandergewirbelt. Viele verschiedene Wege vom Musiker zum Konsumenten können nun gegangen werden. Dennoch dominiert die CD den Markt für Musikprodukte und hält immer noch das schlüssigste Erlösmodell parat. Der Downloadmarkt zieht allerdings kräftig nach. Das Gesamtumsatzvolumen sinkt aber stetig weiter, und es ist fraglich, ob der Musikmarkt jemals wieder Umsätze wie in den 90er Jahren erreichen kann, auch wenn sich Livekonzerte, Merchandising und die neuen Geschäftsfelder wie zum Beispiel Streaming im Aufwind befinden.

3 Onlineökonomie

In diesem Kapitel macht diese Arbeit einen Exkurs in die Onlineökonomie. Gemäß dem Ziel, ein Geschäftsmodell für eine Musikdownload-Community zu entwickeln, muss der Onlineökonomie besondere Beobachtung geschenkt werden. Die Konvergenz zwischen beiden Märkten ist offensichtlich. Die beiden Werke des amerikanischen Wirtschaftswissenschaftlers Chris Anderson – „The Long Tail“[47] und „Free“[48] – stehen hier im Zentrum. Zuerst werden Andersons Ausführungen des so genannten „Long-Tail-Marktes“ näher betrachtet. Danach geht diese Arbeit auf sein Werk „Free“ und die Theorie einer funktionierenden „Null-Euro-Ökonomie“ ein. Mittels der dialektischen Methode wird Gisela Schmalz' Buch „No Economy“[49] den Thesen Andersons entgegengestellt, um letztlich über eine Beurteilung aller drei Werke zu einer Schlussfolgerung im Sinne der Entwicklung des Geschäftsmodells zu kommen.

3.1 The Long Tail

Chris Anderson hat mit seinem Werk „The Long Tail – Nischenprodukte statt Massenmarkt“ ein viel beachtetes Buch für die Onlineökonomie geschrieben. „The Long Tail“ entwirft Thesen für eine neue Onlineökonomie, die sich in vielen Punkten anders verhält als Hit-getriebene Märkte wie der klassische TV- oder Radiomarkt. Anders als es die Eigenschaften des Hits vermuten lassen, bevorzugen die Verbraucher die Märkte mit der größten Auswahl.[50]

Anderson stellt in Anlehnung an die 80:20-Regel von Pareto[51] die 98-Prozent-Regel auf. So erzählt er von einer digitalen Musikbox mit einem Angebot von 10.000 Alben – dennoch werden innerhalb eines Quartals 98 Prozent der Musiktitel mindestens einmal angehört.[52] Amazon verkauft 98 Prozent der

---

[47] Vgl. *Anderson, C.*: The Long Tail, 2009.
[48] Vgl. *Anderson, C.*: Free, 2009.
[49] Vgl. *Schmalz, G.*: No Economy, 2009
[50] Vgl. *Anderson, C.*: The Long Tail, 2009, S. 5ff.
[51] Das Pareto-Verteilung besagt, dass zum Beispiel mit 20 Prozent der Produkte 80 Prozent des Umsatzes oder mit 20 Prozent des Zeitaufwandes 80 Prozent der Produktivität erreicht werden, vgl. *Anderson, C.*: The Long Tail, 2009, S. 153ff.
[52] Vgl. *Anderson, C.*: The Long Tail, 2009, S. 8.

100.000 meist verkauften Bücher mindestens einmal.[53] Diese 98-Prozent-Regel bildet die Grundlage der Long-Tail-Theorie, die im Kern besagt, dass eine Vielzahl von in geringer Anzahl verkaufter Produkte in Summe eine ernstzunehmende Konkurrenz zu den Hitmärkten darstellt, die genau andersherum strukturiert ist: Wenige in hoher Anzahl verkaufte Produkte.

Der Hauptgrund hierfür liegt nach Anderson in der Ökonomie des Überflusses, die den Long-Tail-Märkten zugrunde liegt. Wenn nämlich der Engpass zwischen Angebot und Nachfrage nicht mehr existiert, wird auf einmal alles für alle verfügbar. Die Nachfrage wandelt sich von einer Nachfrage nach Hits zu einer Nachfrage nach einer Vielzahl vorhandener Nischen. Dieser Engpass entsteht vor allem durch das Angebot begrenzende Regalflächen, die fehlende lokale Verfügbarkeit von Produkten sowie die fehlende Information, dass diese Produkte überhaupt existieren. Die Onlineökonomie hebt diesen Engpass auf und ermöglicht somit die Long-Tail-Ökonomie. Fast jedes erdenkliche Produkt auf der ganzen Welt kann durch das Internet gefunden und bestellt werden. Da sich logistische Prozesse ebenfalls ins Internet verlagert haben, können diese Produkte auch über die ganze Welt zu bezahlbaren Preisen verschickt werden.[54]

Onlinekaufhäuser wie Amazon sind Katalysatoren dieses Prozesses weil sie die Long-Tail-Produkte in hohem Maße aggregieren und verfügbar machen. Amazon erzielt 30 Prozent seines Umsatzes mit Long-Tail-Produkten.[55] Ein weiteres Beispiel ist das im September 2009 von der Firma Otto gekaufte und in seine Tochtergesellschaft Limago integrierte[56] Onlinekaufhaus Dawanda. Hier werden in Heimarbeit gefertigte Bastel-, Design- und Kunsthandwerkprodukte angeboten und weltweit verkauft.[57]

Die folgende Grafik zeigt den Long Tail am Beispiel der Downloads des Musikportals Rhapsody.[58] Der Long Tail besteht aus einer Vielzahl Produkte, die einen niedrigen Verkaufsrang haben (hier ab ca. 5.000 abwärts).

---

[53] Vgl. *Anderson, C.*: The Long Tail, 2009, S. 10.
[54] Vgl. *Anderson, C.*: The Long Tail, 2009, S. 18ff.
[55] Vgl. *Anderson, C.*: The Long Tail, 2009, S. 62.
[56] http://www.spiegel.de/wirtschaft/unternehmen/0,1518,715639,00.html (27. Okt. 2010).
[57] Vgl. http://de.dawanda.com/ (27. Okt. 2010).
[58] Vgl. http://www.rhapsody.com/ (27. Okt. 2010).

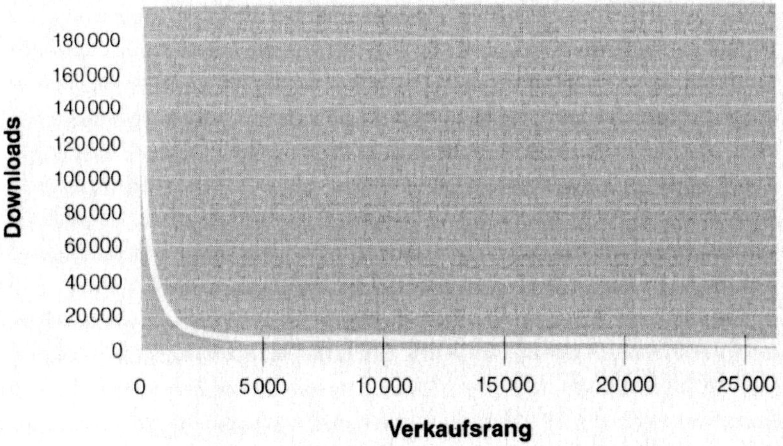

Bild 1: Downloads bei Rhapsody (Zahl der Titel entspricht Wal-Mart-Bestand)

Abbildung 3–1. The Long Tail.
Quelle: *Anderson, C.*: The Long Tail, 2009, S. 22. Originalscan – an dieser Stelle wurde ausnahmsweise auf die Erstellung einer eigenen Grafik verzichtet, da das zugrunde liegende Datenmaterial nicht verfügbar ist.

Anderson entwickelt sechs Aspekte, die das Verhältnis von Nischen und Hits bestimmen:[59]

1. Es gibt weitaus mehr Nischen als Hits.
2. Die Kosten zur Erreichung der Nischen sinken drastisch.
3. Filter lenken die Nachfrage und verlängern den Long Tail.
4. Die Nachfragekurve wird flacher – Nischen werden populärer zu Lasten der Hits.
5. Alle Nischen zusammen bilden einen Markt, der mit dem Hitmarkt konkurrieren kann.
6. Es entsteht eine natürliche Kurve der Nachfrage, die nicht durch Engpässe manipuliert wird (Vertriebsengpässe, Lagerplatz- und Informationsmangel).

Anderson arbeitet zudem drei Wirkmechanismen heraus, die den Long Tail bestimmen:60

---

[59] Vgl. *Anderson, C.*: The Long Tail, 2009, S. 61ff.

1. Die Demokratisierung der Produktion ermöglicht den Long-Tail-Produzenten, der durch günstigere und bessere Hardware, schnelle Übertragungsraten und eine Vielzahl an verfügbaren, leistungsfähigen Software-Produkten in der Lage ist, Musikstücke, Videos, Blogs, Bücher etc. selbst herzustellen und über das Web verfügbar zu machen. Der Long Tail erhöht also den Grad der Partizipation der Konsumenten und lässt die Grenze zwischen Produzenten und Konsumenten mehr und mehr verschwinden.[61]
2. Die Demokratisierung des Vertriebs: Aggregatoren wie Amazon oder iTunes ermöglichen den direkten Vertrieb der durch die Demokratisierung der Produktion entstandenen Produkte.
3. Die Verbindung von Angebot und Nachfrage durch Filter: Suchmaschinen, Blogs, Empfehlungen und Tagging.[62] Die erforderliche Filterqualität steigt dabei mit der Länge des Long Tails.[63]

Schließlich stellt Anderson noch die Frage, ob die Preise entlang der Nachfragekurve steigen oder fallen sollten. Am Beispiel des Musikmarktes skizziert er, dass eine an der Beliebtheit orientierte Preisgestaltung im Sinne der Long-Tail-Logik eigentlich konsequent wäre. Er verweist aber auch auf die Vorteile einer einfachen Preisgestaltung (Vergleichbarkeit, Beständigkeit) und führt iTunes mit einem Einheitspreis von 99 Cent pro Download als funktionierendes Beispiel an.[64] Anderson erwartet allerdings auch, dass neue Geschäftsmodelle weitere Antworten auf diese noch offene Frage liefern.[65]

---

[60] Vgl. *Anderson, C.*: The Long Tail, 2009, S. 63ff.
[61] Vgl. *Anderson, C.*: The Long Tail, 2009, S. 99.
[62] Die Verknüpfung von Webinhalten mit Stichwörtern, welche die Auffindbarkeit erleichtern.
[63] Vgl. *Anderson, C.*: The Long Tail, 2009, S. 141.
[64] Apple hat mittlerweile die Einheitspreisgestaltung aufgegeben und bietet auch Downloads über und unter 99 Cent an, vgl. http://www.apple.com/de/itunes/whats-on/#music (27. Okt. 2010).
[65] Vgl. *Anderson, C.*: The Long Tail, 2009, S. 162f.

3.2 „Free“ vs. „No Economy“

Im Nachfolgebuch „Free“ entwickelt Chris Anderson seine Long-Tail-Theorie weiter.[66] Im Kern steht die These, dass die Kostenloskultur des Internets der wesentliche Treiber für eine funktionierende Onlineökonomie ist. Die Wirtschaftswissenschaftlerin Gisela Schmalz setzt in ihrem Buch „No Economy“ die These entgegen, dass „der Gratiswahn das Internet zerstört“.[67]

3.2.1 „Free“

You Tube ist eines der bekanntesten kostenlosen Angebote im Internet. Der 2006 von Google gekaufte Videodienst bietet Bewegtbildinhalte kostenlos an.[68] Der Clou dabei ist, dass die Inhalte nicht von You Tube hochgeladen werden, sondern von den Usern. You Tube bemüht sich hierbei nicht sonderlich intensiv um die Urheberrechte und löscht geschützte Inhalte nur auf Bitten der Rechteinhaber.[69] Das Geschäftsprinzip von You Tube folgt der Googles, freie Dienste durch Werbeeinnahmen rezufinanzieren. Interessant ist You Tube aber auch für die Anbieter eigentlich kostenpflichtiger Inhalte. So erzählt Anderson die Geschichte der Komikergruppe „Monty Python“, die statt illegale Kopien von schlechter Qualität auf You Tube entfernen zu lassen, Originalinhalte gleich selbst auf ihren eigenen You-Tube-Kanal stellten – natürlich ebenfalls kostenlos. Videos bei You Tube haben die Eigenschaft, maximal 10 Minuten lang zu sein. Monty Python gelang es, die erhöhte Aufmerksamkeit bei You Tube in einen erhöhten DVD-Absatz bei Amazon umzumünzen und so letzten Endes mit kostenlosen Inhalten Geld zu verdienen.[70]

Anderson entwickelt den Begriff der „Freeconomics“,[71] einem „Markt für Produkte zum Preis von 0,00 US-Dollar“.[72] Er stellt die These auf, dass „Kostenlos für alle“ zum Zustand des Internets von heute geführt hat: „der größten

---

[66] Vgl. *Anderson, C.*: Free, 2009.
[67] Vgl. *Schmalz, G.*: No Economy, 2009.
[68] Vgl. http://www.zeit.de/online/2006/41/google-tube (27. Okt. 2010).
[69] Vgl. http://www.freitag.de/kultur/1038-kauf-nicht-bei-majors-oder (27. Okt. 2010).
[70] Vgl. *Anderson, C.*: Free, 2009, S. 9f.
[71] Vgl. *Anderson, C.*: Free, 2009, S. 197.
[72] Vgl. *Anderson, C.*: Free, 2009, S. 11.

Ansammlung von Wissen, Erfahrungen und Selbstdarstellungen der Geschichte der Menschheit."[73]

Die Gründe für die Kostenloskultur des Webs liegen schon in der Geschichte des World Wide Webs verborgen. Der kostenlose Browser von Netscape zwang Microsoft schon in einer frühen Phase der Webgeschichte dazu, seinen eigenen Browser Internet Explorer ebenfalls kostenlos mit dem Microsoft-Betriebssystem auszuliefern.[74]

Das kostenlose Betriebssystem Linux gilt als Meilenstein in der Open-Source-Bewegung.[75] Open Source bedeutet, dass eine Software angeboten wird, die sowohl kostenlos ist als auch einen offenen Quellcode hat, der es jedem ermöglicht, die Software weiterzuentwickeln – für eigene Anwendungen, aber auch im Sinne der Verbesserung der Software als Ganzes.

Schließlich setzte Google Maßstäbe in Sachen Kostenloskultur des Internets, indem das Unternehmen 1999 eine extrem leistungsfähige Suchmaschine kostenlos auf den Markt brachte und 2005 mit dem kostenlosen Webmaildienst Gmail nachlegte, der den Zugriff auf weitere kostenlose Dienste wie den Webanalysedienst Google Analytics oder das webbasierte Textverarbeitungs- und Tabellenkalkulationsprogramm Google Text & Tabellen ermöglicht sowie im Gegensatz zu anderen Diensten sehr viel Speichervolumen zu Verfügung stellt.[76] Refinanziert werden diese Ausgaben mit Einnahmen aus Werbung in diesen kostenlosen Diensten.[77] Google folgt dabei dem Prinzip, zuerst einmal Dienste kostenlos anzubieten und erst, wenn sich der Erfolg einstellt, zu ermitteln, wie sich mit dieser Idee Geld verdienen lässt.[78] Damit schrieb das Unternehmen das Erfolgsrezept (oft aber auch die Anleitung zum Scheitern) einer ganzen Generation von Start-ups in den späten 2000er Jahren.

---

[73] Vgl. *Anderson, C.*: Free, 2009, S. 11.
[74] Vgl. *Anderson, C.*: Free, 2009, S. 123f.
[75] Vgl. *Anderson, C.*: Free, 2009, S. 125f.
[76] Der Anbieter web.de begrenzt den Speicherplatz auf 500 Mails und lässt Dateianhänge nur bis 4 MB zu, vgl. https://produkte.web.de/freemail-webmail/email-adresse/ (27. Okt. 2010). Durch eine ständige Erhöhung des Speicherplatzes bietet Gmail quasi unbegrenzten Speicherplatz an, derzeit sind dies 7,5 GB und der Möglichkeit E-Mails zu archivieren sowie 25 MB für Datei-Anhänge, vgl. http://mail.google.com/mail/help/intl/de/about.html (27. Okt. 2010).
[77] Vgl. *Anderson, C.*: Free, 2009, S. 143.
[78] Vgl. *Anderson, C.*: Free, 2009, S. 141ff.

Anderson skizziert vier Arten von Free-Geschäftsmodellen:[79]

1. Direkte Quersubventionen: Hier verführt ein kostenloses Produkt den Verbraucher dazu, ein anderes zu kaufen. Ein Beispiel sind Angebote, die dem Verbraucher zwei Produkte zum Preis von einem anbieten.

2. Den Drei-Parteien-Markt ist von Märkten wie dem Free-TV bekannt: Der Zuschauer bekommt ein kostenloses Angebot, das der Werbende bezahlt und sich das Geld vom Zuschauer indirekt wiederholt, indem die Werbung ihn dazu animiert, seine Produkte zu kaufen.

3. Auf nichtmonetären Märkten wie der Geschenkökonomie führen altruistische Motive zu Diensten wie Wikipedia, die durch ihre Größe und Bedeutung wiederum eigene Märkte abbilden.[80]

4. Mit der Begriffsschöpfung „Freemium"[81] werden Geschäftsmodelle bezeichnet, bei der eine kostenlose, abgespeckte Produktvariante mit einer kostenpflichtigen Premiumvariante verknüpft wird.[82] Wenige zahlende Verbraucher finanzieren damit viele nicht-zahlende Verbraucher. Ein Beispiel hierfür ist das Business-Netzwerk Xing, das zuerst kostenlos ist, Zusatzfunktionen können aber im Rahmen einer Premium-Mitgliedschaft hinzugebucht werden.[83] Anderson führt vier verschiedene Freemium-Taktiken auf:[84]

1. Zeitlich begrenzt – zum Beispiel 30 Tage kostenlos, danach kostenpflichtig.

2. Abgespeckte Version kostenlos – Premium-Version kostet (das Xing-Beispiel).

3. Anzahl der Kostenlos-Nutzer wird beschränkt (zum Beispiel Freikontingent auf Flugreisen).

---

[79] Vgl. *Anderson, C.*: Free, 2009, S. 33ff.

[80] Vgl. *Anderson, C.*: Free, 2009, S. 38f. Aber selbst Wikipedia hat mittlerweile ein Free-Modell: Während die Nutzung der Website kostenlos ist, bietet Wikipedia mittlerweile personalisierte Bücher zum Verkauf an, vgl. http://de.wikipedia.org/wiki/Hilfe:Buchfunktion (27. Okt. 2010).

[81] Mischwort aus „Free" und „Premium", das auf den amerikanischen Risikokapitalgeber Fred Wilson zurückgeht, auf Vorschlag von Jarid Lukin, vgl. http://avc.blogs.com/a_vc/2006/03/the_freemium_bu.html (27. Okt. 2010).

[82] Vgl. *Anderson, C.*: Free, 2009, S. 37f.

[83] Vgl. http://www.xing.com/app/billing (27. Okt. 2010).

[84] Vgl. *Anderson, C.*: Free, 2009, S. 285ff.

4. Unterscheidung nach Kundentypus – die Antiviren-Software „AntiVir“ gibt es zum Beispiel in einer kostenfreien Privat-Version und einer kostenpflichtigen Business-Version.[85] Anderson sagt, dass 5 bis 10 Prozent der Kunden eines Freemium-Produktes die Premium-Variante wählen sollten, damit das Geschäftsmodell funktioniert.[86]

Anderson weist in Anlehnung an den Rechtsanwalt Jonathan Handel auf sechs Ursachen für den Erfolg von Free-Geschäftsmodellen hin, von denen hier vier beschrieben werden:[87]

1. Das Angebot steigt beständig, die Nachfrage kann nicht mithalten. In der Folge sinkt der Preis gen Null.[88]
2. Der Verlust von Materie. „Da es sich durchsetzte, Inhalte nicht länger auf CDs zu brennen und in Verpackungen zu stecken, sondern stattdessen die Daten durch Kabel zu jagen, wurde aus Inhalten etwas Abstraktes, das man nicht mehr (be-)greifen konnte. Außerdem haben wir verinnerlicht, dass der Diebstahl eines Gegenstandes bedeutet, dass ein anderer diesen nicht mehr hat, was ihm einen finanziellen Schaden beschert – doch für digitale Dateien gilt das nicht“, so Anderson.[89]
3. Einfacher Zugang: In dem Maße, in dem die Suchkosten sinken, Inhalte also leicht und schnell verfügbar sind, sinkt auch die Bereitschaft, für diese Inhalte Geld zu bezahlen.
4. Die „Generation Free“: Die sogenannten „Digital Natives“,[90] also jene Generation, die mit einem Internet der hohen Bandbreiten aufgewachsen ist, kennt nur Nullkosten im Internet und hat es gar nicht mehr gelernt, für Inhalte Geld zu bezahlen. Mit dem Begriff Urheberrecht können sie wenig anfangen. Diese Generation wird auf der einen Seite schwer umzustimmen sein, auf der anderen Seite ist sie die Zukunft.

---

[85] Vgl. http://www.free-av.com/ und http://www.avira.com (beide 27. Okt. 2010).
[86] Vgl. *Anderson, C.*: Free, 2009, S. 287.
[87] Vgl. *Anderson, C.*: Free, 2009, S. 165f.
[88] Vgl. Kapitel 3.1 „The Long Tail“.
[89] Vgl. *Anderson, C.*: Free, 2009, S. 165.
[90] Vgl. http://youthandmedia.org/projects/digital-natives/ (27. Okt. 2010).

Zusammenfassend stellt Anderson zehn Regeln für Free-Geschäftsmodelle auf, von denen hier vier für diese Arbeit als wichtig angesehene skizziert werden:[91]

1. Alles was digital ist, wird früher oder später kostenlos sein.
2. Die Free-Logik wird vom Verbraucher auf materielle Produkte übertragen, er erwartet Free-Modelle auch außerhalb des Webs. Angebote wie Null-Euro-Handys bei Vertragsabschluss gehen diesen Weg.
3. „Free" lässt sich nicht aufhalten – Gesetze, insbesondere das Urheberrecht, sind untauglich gegen die ökonomische Macht der „Free"-Modelle.
4. Mit „Free" lässt sich Geld verdienen. Free öffnet Türen und lockt Menschen an – diesen müssen dann die richtigen Angebote gemacht werden. Verbraucher zahlen zum Beispiel gerne für Zeitersparnis, Bequemlichkeit, lieb Gewonnenes oder Statussymbole.

3.2.2 „No Economy"

Gisela Schmalz hingegen sieht die Sache der Kostenloskultur im Web wesentlich kritischer. Sie sieht die Errungenschaft des Webs vor allem durch die Nutzer bedroht, die „mit den digitalen Ressourcen nicht bewusst umgehen und nur konsumieren, was es gratis gibt".[92] Wenn die Nutzer wirklich einmal für Inhalte zahlen, dann an große Player wie iTunes oder Getty Images. Den Anhängern der Kostenloskultur wirft sie vor, durch ihr Verhalten Qualität, Innovation und gerechte Umverteilung digitaler Güter zu verhindern. Letztlich stärkten diese Nutzer Monopole. Dem Web fehlten die wichtigsten Rahmenbedingungen eines fairen Marktes, konstatiert sie: Neben den Preisen sind diese das Eigentumsrecht sowie eine ausgewogene Wettbewerbssituation. Alle, die nicht zu den monopolistischen Teilnehmern gehören, seien nicht in der Lage, wirtschaftlich zu planen. Als Beispiel nennt sie Pleite gehende Social-Media-Plattformen, die Adressen und Bilder der Mitglieder löschen müssen oder Online-Journalisten, bei denen nicht sichergestellt werden kann, dass sie nicht irgendwann wieder zu einem Offlinemedium wechseln und dem Web die Inhalte

---

[91] Vgl. *Anderson, C.*: Free, 2009, S. 281ff.
[92] Vgl. *Schmalz, G.*: No Economy, 2009, S. 10.

wieder entziehen. Auch das anonyme Hochladen von Informationen mache die Zuschreibung und damit den Umgang mit Daten schwierig. Letztlich habe das World Wide Web kein gerechtes Wirtschaftssystem herausgebildet. Die großen Player würden die kleineren Teilnehmer zwingen, ihre Gratisstrategien zu kopieren.

Gisela Schmalz fordert einen gerechten Markt für digitale Dienste und Inhalte im Web, der eine Umwegfinanzierung unnötig macht. Schließlich fordert sie eine Onlinewirtschaft von Nutzer zu Nutzer, um das Internet wieder zu dem Informations- und Kommunikationsmedium zu machen, als das es ursprünglich gedacht war. Schmalz sieht das Heil des Internets in C2C-Märkten, die die Nutzer selbst in die Hand nehmen, was es verständlich macht, warum sie wie eingangs beschrieben ausgerechnet den Nutzer für die Misere des Webs verantwortlich macht.[93]

Die Grundlagen für ihre Kritik arbeitet Schmalz anhand von strategischen Gesetzen der Onlineökonomie heraus. Der sogenannte First-Mover-Advantage ist der Vorteil, als erster am Markt zu sein und daraus klare Wettbewerbsvorteile zu gewinnen. Beispiel hierfür ist Google.[94]

Dann arbeitet sie die sogenannten Netzwerkeffekte heraus, also den Vorteil, den alle Teilnehmer eines Netzwerkes haben, wenn ein neuer Teilnehmer hinzukommt, weil die maximale Anzahl der Vernetzungsmöglichkeiten steigt, bis eine kritische Masse erreicht und damit exponentielles Wachstum erreicht wird. Netzwerkeffekte führen oft zu Monopolen oder Oligopolen. Gratisangebote fördern Netzwerkeffekte aufgrund der niedrigen Eintrittsschwelle in das Netzwerk.[95]

Lock-in-Effekte sind ebenfalls geeignet, Oligopole oder Monopole zu fördern – gemeint sind Mechanismen, die eine Umorientierung aufgrund hoher Wechselkosten schwierig machen – der Wechsel von einem Webmail-Anbieter zum nächsten oder von einem Social Network zum anderen. Auch hier sind es

---

[93] Vgl. *Schmalz, G.*: No Economy, 2009, S. 10ff.
[94] Vgl. *Schmalz, G.*: No Economy, 2009, S. 52.
[95] Vgl. *Schmalz, G.*: No Economy, 2009, S. 52ff.

kostenlose Angebote, die einen schnellen und wirkungsvollen Lock-in ermöglichen.[96]

Da all diese Strategien aufgrund hoher Kosten für Technologie und Werbung nur großen Playern möglich sind, seien es auch diese, die letzten Endes das „Gratisspiel“ gewinnen werden – mit den beschriebenen Folgen durch Oligopole und Monopole.[97]

Argumenten von Verfechtern der Kostenloskultur – etwa, dass in der Musikbranche das Geld mit Konzerten und Merchandising offline verdient werden kann, erteilt sie ebenfalls eine Abfuhr. Schließlich sei das Web ein Markt für digitale Güter und keine Marketingplattform für Offlinemärkte.

Schmalz stellt die „No Economy“ als Gratisspirale dar: Nullpreise führen zu einem Netz voller Popups, Pornografie,[98] Qualitätsverlust, Markenorientierung, welche zu Oligopolen führen, was wiederum zu Preisen für Qualitätsleistungen führt.[99]

Der Ausweg aus dieser Misere ist für Schmalz der „bewusst wählende und wirtschaftende Nutzer, der auch in die Rolle des Anbieters schlüpfen kann, der strategisch unter der Vielzahl von Onlineangeboten auswählt und die ‚Pronliner‘“[100], die untereinander Handel treiben“.[101] Sie schließt aus, dass die Gratismentalität eine Marktmentalität ist.[102]

---

[96] Vgl. *Schmalz, G.*: No Economy, 2009, S. 59ff.
[97] Vgl. *Schmalz, G.*: No Economy, 2009, S. 59.
[98] Eine der wenigen funktionierenden Bezahlinhalte im Web, da hier Suchkosten gerne in Kauf genommen werden – Menschen handeln meist nicht nach dem Rationalitätsprinzip.
[99] Vgl. *Schmalz, G.*: No Economy, 2009, S. 179.
[100] Aktiver Onliner, die selbst Inhalte ins Netz stellen und vermarkten, Vgl. http://www.yeseconomy.net/?p=358 (27. Okt. 2010).
[101] Vgl. *Schmalz, G.*: No Economy, 2009, S. 177.
[102] Vgl. *Schmalz, G.*: No Economy, 2009, S. 177.

3.2.3 Schlussfolgerung

Während Anderson sagt, dass die Kostenloskultur des Webs der Treiber einer funktionierenden Onlineökonomie ist, sagt Schmalz, genau jene Kultur zerstöre das Internet in ihren Grundfesten. Anderson erklärt, dass es für immaterielle Güter schlicht keinen Markt geben kann, während Schmalz fordert, diese Güter müssen kostenpflichtig sein, um den Urheber zu schützen und wertzuschätzen. „Free" verbirgt nach Anderson ein großes Potenzial für kostenpflichtige Dienste, weil es viele Menschen anlockt, denen diese dann angeboten werden können. Zudem förderten kostenlose Angebote Innovation, wie Anderson am Beispiel Googles zeigt, weil bei der Entwicklung von Produkten nicht sofort ans Geldverdienen mit genau diesem Produkt gedacht werden muss. Schmalz hingegen sieht ein Sinken von Qualität und Innovationsgrad und letztlich das Entstehen von Monopolen und Oligopolen.

Im Kern beschreibt Anderson die Logik eines B2C-Marktes, er begrüßt diese Logik, weil er weitestgehend Vorteile in ihr sieht. Schmalz verneint diese Logik nicht, zeichnet aber ein düsteres Bild, das aus dieser Logik entsteht. Da die Regeln des Marktes nicht einfach aufgehoben werden können, sieht sie den Konsumenten in der Pflicht. Er solle das Zepter in die Hand nehmen – Schmalz sieht das Heil des Marktes in C2C-Märkten, auf denen Konsumenten Inhalte und Produkte herstellen und untereinander vertreiben.

Im Sinne der Entwicklung einer Download-Community würden Andersons Thesen zu einem Freemium-Modell führen, auf dem professionelle Anbieter von Musikdownloads Konsumenten ihre Produkte teils kostenfrei, teils kostenpflichtig anbieten. Nach Schmalz' Thesen wäre die logische Konsequenz eine Download-Community, die den professionellen Anbieter von Musik weitestgehend ausgrenzt. Stattdessen würden die Anbieter ein Peer-to-Peer-Netzwerk entwickeln, in dem die Anbieter gegenseitig für ihre Musik bezahlen.

Schmalz' Argumente der Oligopolisierung sind durchaus nachzuvollziehen und in der Realität auch zu beobachten. Aufgabe der Musikdownload-Community muss es also sein, auf diese Gefahren genau zu achten. Ansonsten überzeugen Andersons Thesen letzten Endes, weil die Erfahrung zeigt, dass letztlich der Markt das wirtschaftliche Geschehen regelt. Die Forderung, eine Art aufgeklärter Verbraucher solle den Markt durch vernünftiges Handeln regeln, ist nicht realistisch. Zwar handelt der Mensch nicht immer nach dem Rationalitätsprinzip, sondern lässt auch Faktoren wie Altruismus und Dankbarkeit in seine Kaufentscheidungen einfließen. Ein Mehrheitsverhalten nach diesen Regeln ist aber nicht sehr wahrscheinlich.

Das Ergebnis dieser dialektischen Untersuchung für die zu entwickelnde Download-Community ist also ein Freemium-Geschäftsmodell, das im nächsten Kapitel entworfen wird.

4 Entwicklung des Geschäftsmodells „Musikdownload-Community“

Im Hauptteil dieser Arbeit wird das Geschäftsmodell „Musikdownload-Community“ entwickelt. Die bislang erarbeiteten Erkenntnisse zum deutschen Musikmarkt und zu den aktuellen Entwicklungen in der Onlineökonomie nehmen hier einen direkten Einfluss auf die Modellierung. Im Sinne einer strategischen Vorgehensweise wird zunächst eine Branchenstrukturanalyse durchgeführt. In diesem Zusammenhang werden auch die direkten Mitbewerber genauer unter die Lupe genommen. Das Geschäftsmodell selbst wird anhand des Marketing-Mixes entwickelt. Im Zentrum steht hier die Produktpolitik. An dieser Stelle wird das Produkt konkret entwickelt. Die Nutzer wurden auch nach ihrem Ausgabeverhalten befragt. Die Ergebnisse befinden sich im Kapitel „Preispolitik“. Zusätzlich wurden die Teilnehmer, die angegeben haben, dass sie kein Geld für Musikdownloads ausgeben, nach ihren Motiven befragt. Die Ergebnisse werden im Rahmen des Kapitels „Produktpolitik“ geschildert. Zur Untermauerung wurde außerdem im Vorfeld der Arbeit ein Konzepttest durchgeführt, mit dem die Akzeptanz des Produktes im Vergleich zu zwei bereits bestehenden Konkurrenzprodukten geprüft wurde. Abschließend wurde eine Stärken-Schwächen-Analyse durchgeführt, die die vorher erarbeiteten Erkenntnisse – insbesondere die aus der Branchenstrukturanalyse – aufnimmt.

4.1 Branchenstrukturanalyse nach Porter

Die Branchenstrukturanalyse nach Michael E. Porter ist eine Umweltanalyse und ermöglicht zusammen mit einer Marktanalyse Einschätzungen über die Rentabilität und damit der Attraktivität eines Marktes.[103] Dieses strategische Planungsinstrument berücksichtigt die Verhandlungsstärke der Lieferanten, die Bedrohung durch neue Anbieter, die Verhandlungsstärke der Kunden, die Bedrohung durch Ersatzprodukte sowie die Rivalität der Wettbewerber der Branche. Die Analyse dieser so genannten „Five Forces“ hilft also bei der

[103] Vgl. *Bea, F.X. / Haas, J.*: Strategisches Management, 2005, S. 95.

strategischen Planung des eigenen Produktes oder der eigenen Dienstleistung. Im Rahmen dieser Arbeit werden die Ergebnisse im nächsten Kapitel „Marketing-Mix“ und hier insbesondere in der Produktpolitik aufgenommen.[104]

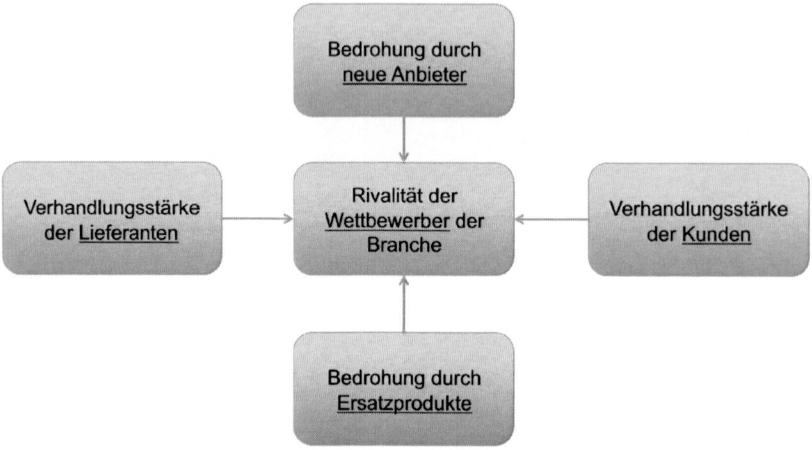

Abbildung 4–1. Branchenstrukturanalyse nach Porter.
Quelle: *Bea, F.X. / Haas, J.*: Strategisches Management, 2005, S. 100. Eigene Grafik.

Die Branche, der hier analysiert wird, setzt sich aus den Wertschöpfungskettengliedern Vertrieb und Handel sowie den Tonträgerunternehmen zusammen. Wie im Kapitel „Der deutsche Musikmarkt im Wandel“ beschrieben, verschwimmen die Grenzen im Musikmarkt durch den Einfluss des Internets zunehmend. So liegt es in der Natur der Sache, dass auch in dieser Branchenstrukturanalyse Marktteilnehmer so wie im Falle der Tonträgerunternehmen sowohl bei den Lieferanten wie auch bei Substitutionsprodukten erwähnt werden müssen.

[104] Vgl. *Bea, F.X. / Haas, J.*: Strategisches Management, 2005, S. 99ff.

4.1.1 Verhandlungsstärke der Lieferanten

Die Verhandlungsstärke der Lieferanten beeinflusst die Warenkosten und damit den Gewinn. Die Lieferanten sind im Musikdownloadgeschäft die Labels. Dies können zum einen die klassischen Tonträgerunternehmen sein, zum anderen auch reine Netlabels, die keine Tonträger mehr herstellen, sondern ihre Musik ausschließlich als Datei über das Internet verbreiten. Ein wichtiger Aspekt der Verhandlungsstärke der Lieferanten ist der Konzentrationsgrad der Branche. Der Markt wird von den vier großen Majors beherrscht, womit ein recht großer Konzentrationsgrad erreicht ist, was für eine große Verhandlungsstärke der Lieferanten spricht.[105] Allerdings müssen hier zwei Aspekte beachtet werden, die in Porters Industrieökonomikansatz noch nicht beachtet werden konnten:

Erstens befinden wir uns in der Onlineökonomie in einer Long-Tail-Ökonomie.[106] Hierdurch rücken die Independents und die Netlabels in den Vordergrund. Der Konzentrationsgrad ist hier aber sehr gering. Die Verhandlungsstärke sinkt also. In der Praxis ist es auch schlicht so, dass die Shops die Händlerabgabepreise diktieren und nicht die Labels.

Zweitens: Dass digitale Dateien ohne Qualitätseinbußen unbegrenzt vervielfältigbar sind, dürfte die Verhandlungsstärke der Lieferanten ebenfalls begrenzen. Das Angebot ist praktisch unendlich, was den Preis sinken lässt. Zu beobachten ist dies zum Beispiel bei iTunes, wo Apple den Anbietern die Händlerabgabepreise diktiert, wenn auch die Anbieter mittlerweile nach langem Kampf eine Abkehr vom 99-Cent-Einheitspreis durchsetzen konnten.[107]

---

[105] Vgl. *Bea, F.X. / Haas, J.*: Strategisches Management, 2005, S. 99.
[106] Vgl. Kapitel 3.1 „The Long Tail".
[107] Vgl. http://www.macnotes.de/2009/04/07/neues-preismodell-im-itunes-store-einige-musiktitel-kosten-kunftig-129e/ (8. Nov 2010).

4.1.2 Bedrohung durch neue Anbieter

Die Bedrohung durch neue Anbieter wird durch die Höhe der Markteintrittsbarrieren bestimmt. Dies sind in der analysierten Branche im Wesentlichen ein relativ hoher Kapitalbedarf sowie Markenidentität und Kundentreue. Die Entwicklung eines Musikdownloadportals ist in der Anfangsphase kostenintensiv, da enorme Entwicklungsanstrengungen unternommen werden müssen.[108] Für eine Neueinführung werden also entweder viel Eigenkapital oder Drittmittel mit Eigenkapitalcharakter benötigt. Die Entwicklung eines Musikdownloadportals wäre ein typisches E-Commerce-Start-up-Projekt, das mit Risikokapital oder durch Business-Angels finanziert werden müsste.[109] Erstens treffen hier eine Vielzahl von Bewerbern auf wenige Business Angels und Risikokapitalgeber, zweitens garantiert ein Startup-Projekt mit viel Risikokapital noch lange nicht den langfristigen Erfolg, wie der Zusammenbruch der New Economy gezeigt hat.[110] Hinzukommen teure Werbeanstrengungen unter Hinzuziehung klassischer Medien wie TV und Print, um das neue Portal bekannt zu machen.[111]

Wurden mit dem Angebot erst einmal relevante Marktanteile erreicht, ist die Bedrohung durch neue Anbieter im Musikdownloadmarkt sicherlich nicht gering, aber auch nicht unberechenbar. Vor allem innovative Nutzungsfunktionen und eine schnelle virale Verbreitung neuer Anwendungen sind Erfolgsfaktoren für neue Teilnehmer. Dies hat zur Folge, dass das eigene Produkt ebenfalls ständig verbessert werden muss.

---

[108] Die Anfangsinvestitionen des Musikportals Simfy lagen beispielsweise bei 7 Mio. Euro, vgl. http://www.ksta.de/html/artikel/1281517282744.shtml (8. Nov 2010).

[109] Einer der Investoren bei Simfy ist DuMont Venture, also der Risikokapitalableger des Kölner Verlags M. DuMont Schauberg, vgl. http://www.ksta.de/html/artikel/1281517282744.shtml (8. Nov 2010).

[110] Vgl. *Küsell, F.*: Unternehmensgründung, 2006, S. 282 ff.

[111] Ebay war eines der ersten Onlineunternehmen in Deutschland, das mit einer aufwendigen TV-Kampagne der Werbeagentur Jung von Matt („3 2 1 Meins") das teure Reichweitenmedium Fernsehen nutzte, vgl. http://www.jvm.com/de/ideas/#/1_61/ebay-momente/ (27. Okt. 2010).

4.1.3 Verhandlungsstärke der Kunden

Ähnlich wie bei den Lieferanten steigt die Verhandlungsstärke mit dem Konzentrationsgrad der Kunden – insbesondere wenn das Abnahmevolumen steigt.[112]

Im Musikdownloadmarkt als Endkundengeschäft hat dies kaum Relevanz. Die schwierigste Aufgabe im Musikdownloadmarkt ist es, den Kunden davon zu überzeugen, für Musikdownloads überhaupt Geld auszugeben. In einer im Rahmen dieser Arbeit durchgeführte Studie wurden die Motive der Teilnehmer abgefragt, die angegeben haben, kein Geld für Downloads auszugeben.[113] Interessant ist in diesem Zusammenhang vor allem die Aussage, dass günstigere Preise nicht dazu animieren würden, mehr zu kaufen. Vielmehr macht die Untersuchung klar, dass es tatsächlich eine Null-Euro-Ökonomie im Internet gibt. Die Überzeugung dieser Kunden, dass Downloads keinen Geldwert haben, macht die Verhandlungsstärke der Kunden aus. Mit diesem Kunden einen Preis zu verhandeln, ergibt überhaupt keinen Sinn.

4.1.4 Bedrohung durch Ersatzprodukte

Die Bedrohung durch Ersatzprodukte wird durch das Preisleistungsverhältnis und die Neigung der Konsumenten zum Produktwechsel bestimmt. Vor allem gemeinsames Handeln im Rahmen der Kommunikationspolitik, das Besetzen von Vertriebswegen und gemeinsame Produktstandards können hier Ersatzprodukte abwehren. Hilfreich sind hier vor allem Früherkennungssysteme, um sich gegen bedrohliche Substitute erfolgreich wehren zu können.[114]

Der hier analysierte Markt ist der Markt für Download und Streaming von Musik. Weitere Ersatzprodukte sind im Internet weder bekannt noch in Sicht. Ersatzprodukte sind hier also die physischen Tonträger. Hierbei muss beachtet werden, dass 90 Prozent des Gesamtmarktes durch physische Tonträger bestimmt werden. Vorteile im Markt haben vor allem die Unternehmen, die

---

[112] Vgl. *Bea, F.X. / Haas, J.*: Strategisches Management, 2005, S. 102.
[113] Eine detaillierte Darstellung der Ergebnisse befindet sich im Kapitel 4.2.1.1 „Motive für kostenloses Downloaden".
[114] Vgl. *Bea, F.X. / Haas, J.*: Strategisches Management, 2005, S. 102.

Tonträger und Downloads anbieten. Dies sind zum einen die Labels, zum anderen Händler, die sowohl physische Tonträger im Internet anbieten oder an andere Händler verkaufen als auch als Endkunden-Shop für Downloads und Third-Party-Seller auftreten.[115]

Letztlich muss aber zwischen einem Markt mit physischen Tonträgern und einem Markt mit immateriellen Musikprodukten unterschieden werden. Das Substitutionsprodukt sollte also ein immaterielles Musikprodukt sein, das weder Download noch Streaming ist, was schwer vorzustellen ist.

4.1.5 Rivalität der Wettbewerber der Branche

Auf die Rivalität der Wettbewerber im Musikdownloadmarkt wird in dieser Arbeit ein besonderer Schwerpunkt gelegt. Die wichtigsten Aspekte sind hier allgemein Kapazitätsauslastung, Differenzierungsgrad der Produkte, Umstellungskosten, Marktaustrittsbarrieren sowie die Kultur innerhalb der Branche.[116]

Für den Musikdownloadmarkt wird der Wettbewerb durch folgende Frage bestimmt: Wer hat das beste Produkt zu einem guten Preisleistungsverhältnis und kann so große Marktanteile erzielen? Da das Produkt stets das gleiche ist, nämlich die in der Regel nicht modifizierte Musikdatei, ist vor allem das Produktumfeld entscheidend. Entscheidender Wettbewerbsfaktor im E-Commerce ist die Usability, also die Nutzungsfreundlichkeit und die so genannte Nutzererfahrung, also das positive oder negative Anwendungserlebnis, das eine Website bietet.[117] Wichtig sind außerdem schnelle und unkomplizierte Zahlungsmöglichkeiten.[118] Es ist außerdem davon auszugehen, dass gute Community-Features,

---

[115] Ein Beispiel ist hier das Traunsteiner Unternehmen Dance All Day mit dem Tonträgervertrieb „Vinyl Distribution", dem Tonträger- und Musikdownloadshop djshop.de sowie dem Digitaldistributor feiyr.com, vgl. http://www.dance-all-day.com (27. Okt. 2010).

[116] Vgl. *Bea, F.X. / Haas, J.*: Strategisches Management, 2005, S. 102f.

[117] Steve Krugs Usability-Standardwerk „Don't make me think" behandelt zum Beispiel fast ausnahmslos E-Commerce-Websites. Für ihn ist Usability vor allem ein E-Commerce-Thema, weil sich Usability-Fehler nirgendwo im Web so gnadenlos auswirken wie im E-Commerce – der Kunde ist mit einem Klick beim nächsten Shop. Vgl. *Krug, S.*: Don't make me think, 2006, S. 8f.

[118] Gemeint sind hier unkomplizierte, sog. Micro-Payment-Funktionen, bei denen der Kunde mit wenigen Klicks einkaufen und downloaden kann, ohne bei jedem Vorgang Zahlungsinformationen eingeben zu müssen.

die das Vernetzen der Kunden untereinander ermöglichen, das bessere Produkt definieren.

Von einer Kapazitätsauslastung zu reden ist im Zusammenhang mit unendlich verfügbaren Produkten im übertragenen Sinne zu verstehen. Vor allem die Anzahl und die Leistungsfähigkeit der Server bestimmen die Kapazität. Wichtig ist in diesem Zusammenhang, relevante Marktanteile zu erringen, da der Nutzer wahrscheinlich nur wenige Shops nutzen und dabei diejenigen bevorzugen wird, die ihm die größte Auswahl bieten.

Im Folgenden werden die Webdienste iTunes Store, Amazon/Songsza, Napster, LastFM, Simfy, Spotify und YouTube näher beleuchtet und kurz in ihrer Eignung als Rivalen eingeschätzt. Diese Arbeit geht davon aus, dass in diesen Diensten die direkte Konkurrenz zum zu entwickelnden Musikdownloadportal zu suchen ist.

4.1.5.1 iTunes Store

Der 2003 gegründete iTunes Store ist nach eigenen Angaben der weltweit führende Musikdownloadshop.[119] Die für Apple typische Verbindung von Hardware und Software wird als Erfolgfaktor angesehen.[120] Es ist vor allem der als Lifestyle-Accessoire geschätzte iPod,[121] der den iTunes-Store zum Erfolg gebracht hat. Der iPod synchronisiert sich automatisch über die Software iTunes mit dem Rechner. Titel werden im Shop gekauft, über den Rechner gehört oder auf den iPod übertragen. Zuerst hatte Apple einen Einheitspreis von 99 Cent pro Download, mittlerweile sind die Preise differenziert. Das Geschäftsmodell des iTunes Stores ist es, Downloads pro Stück zu verkaufen. Ein Streamingangebot gibt es bislang nicht.[122]

iTunes ist in seiner Eigenschaft als Marktführer sicherlich immer ein starker Rivale. Allerdings hat iTunes mit Kritik wegen des komplizierten Handlings der Dateien zu kämpfen. Nachteilig sind vor allem die kurze Vorhörzeit von 30 Sekunden im Store und das fehlende Streaming-Angebot. Das neue

---

[119] Vgl. http://www.apple.com/pr/library/2008/06/19itunes.html (27. Okt. 2010).
[120] Vgl. *Anderson, C.*: The Long Tail, 2009, S. 39.
[121] Vgl. *Joachimsthaler, E.*: Marketing auf Innovationskurs, 2008, S. 17ff.
[122] Vgl. http://www.apple.com/de/itunes/ (27. Okt. 2010).

Community-Angebot „Ping“ ist aus Nutzersicht dürftig. Zu durchsichtig ist, dass hier lediglich Daten gesammelt werden sollen. Das soziale Musiknetzwerk ermöglicht über die iTunes-Software, Hörer mit ähnlichem Musikgeschmack zu vernetzen und Interpreten zu „folgen“. Ping ist allerdings mit keinem bereits funktionierenden Social-Media-Dienst vernetzt. Facebook hat den Zugriff auf bereits bestehende Freundeslisten im Facebook-Profil unterbunden. Nun können Freunde nur mittels manueller Eingabe von E-Mail-Adressen gefunden werden, was eine schnelle Verbreitung vorerst stark hemmen wird.[123]

4.1.5.2 Amazon / Songza

Amazon hat durch den Kauf des Musik-Vermarkters Amie Street auch den Streaming-Dienst Songza übernommen.[124] Hinter dieser Entscheidung steht der Gedanke, dass im Streamen von Musik das Geschäftsmodell der Zukunft zu suchen ist. Amazon möchte hier früh den Fuß in der Tür haben. Bis es soweit ist, erzielt Amazon Umsätze durch Verweise auf die Download-Versionen der bei Songza gestreamten Songs im eigenen Shop.[125] Zusätzlich werden Werbeerlöse generiert.[126]

Während der Amazon-MP3-Shop ein klassischer Downloadshop mit der Amazon-eigenen Empfehlungsmarketing-Architektur („Kunden, die das Album mit diesem Song gekauft haben, kauften auch“)[127] ist, geht Songza ganz andere Wege: Bei Songza kann Musik nur gestreamt, aber nicht heruntergeladen werden. Die Kunden legen statt eines Profils gleich ihre eigene Radiostation an, von der aus sie sich mit anderen Usern vernetzen können. Hierdurch werden vor allem Nischen gefördert, weil User wenig bekannte Musikrichtungen, Bands oder Stile bekannt machen können. Songza setzt also auf einen Long-Tail-Markt.

Amazon hat die Zeichen der Zeit erkannt und setzt auf Streaming, weiß aber auch, dass Streaming-Erlöse noch auf sich warten lassen werden und setzt

---

[123] Vgl. http://www.spiegel.de/netzwelt/netzpolitik/0,1518,715476,00.html, http://www.spiegel.de/netzwelt/gadgets/0,1518,715323,00.html und http://www.apple.com/de/itunes/ping/ (alle 27. Okt. 2010)
[124] Vgl. http://www.spiegel.de/netzwelt/web/0,1518,716729,00.html (27. Okt. 2010).
[125] Vgl. http://www.amazon.de/MP3-Musik-Downloads/ (27. Okt. 2010).
[126] Vgl. http://www.spiegel.de/netzwelt/web/0,1518,716729,00.html (27. Okt. 2010).
[127] Vgl. http://www.amazon.de/MP3-Musik-Downloads/ (27. Okt. 2010).

daher zunächst weiter auf den Verkauf von Downloads sowie von physischen Tonträgern. Amazon hat sehr gute Voraussetzungen, auf dem Musikmarkt bestehen zu können.

4.1.5.3 Napster

Napster ist legaler Download-Abodienst mit einer Auswahl an 10 Mio. Songs. Mit einer monatlichen Flatrate in Höhe von 9,95 Euro können Songs unbegrenzt heruntergeladen oder im Internet gestreamt werden. Die Songs können zusätzlich auch unterwegs auf Napster-kompatiblen MP3-Playern gehört werden (nur Streaming). Dafür werden monatlich 14,95 Euro fällig. Napster hat außerdem einen herkömmlichen MP3-Shop.[128] Die heruntergeladenen Dateien können allerdings nur auf maximal drei Rechnern genutzt werden. Das Brennen von Dateien auf CD oder die Übertragung auf andere Geräte kostet pro Song zusätzlich 99 Cent. Außerdem können die Dateien, für die nicht zusätzlich gezahlt wurde, nur im Abo-Vertragszeitraum genutzt werden.[129]

Diese Bevormundung der Kunden wird es Napster schwer machen, sich am Markt zu behaupten. Ohne Kopierschutz- und Digital-Rights-Management kann das Geschäftsmodell aber nicht funktionieren, weil sich Kunden kurz eine Mitgliedschaft kaufen, hohe Menge downloaden und dann wieder kündigen würden.

4.1.5.4 Last FM

Last FM wurde 2007 vom CBS gekauft.[130] Der personalisierte Radiodienst ermöglicht es, Songs in einer Playlist zusammenstellen oder auch seinen eigenen Radiokanal anhören. Last FM versucht hier, durch das spezielle Nutzerverhalten die Musik zu spielen, die dem Geschmack des Nutzers entspricht. Relevant sind dabei die Stichwörter („Tags“) mit denen die bereits abgespielten Songs versehen sind sowie der Musikgeschmack der Freunde, mit denen eine Vernetzung möglich ist. Labels können ihr eigenes Programm

---

[128] Vgl. http://www.napster.de/product_info.html (27. Okt. 2010).
[129] Vgl. http://www.napster.de/more_about_napster/more_about_napster.html (27. Okt. 2010).
[130] Vgl. *Huber, M.*: Digitale Musikdistribution und die Krise der Tonträgerindustrie, in: *Gensch, G.*, et al (Hrsg.): Musikrezeption, Musikdistribution und Musikproduktion, 2009, S. 176.

hochladen und die Rechte verwalten. Last FM zahlt den Labels pro abgespielten Song einen anteiligen Betrag aus, der sich am Gesamterlös orientiert.

Last FM setzt ausschließlich auf Werberlöse und kann den Labels nur irrelevante Summen auszahlen.[131] Das macht Last FM für die Lieferanten unattraktiv, worunter letztlich das Angebot leiden wird. Die Nutzerzahlen werden sinken.

4.1.5.5 Simfy

Simfy ist ein deutscher Dienst, der ausschließlich gestreamte Songs anbietet. Erlöse generiert Simfy durch Werbung. Die Labels und die Gema werden pro abgespielten Track honoriert (die Labels erhalten etwa 1 Cent, die Höhe der Lizenzgebühren an die Gema ist nicht bekannt).[132] Die Nutzer können die Werbung gegen eine monatliche Gebühr von 9,99 Euro ausschalten.[133]

Simfy hat ein stimmiges Geschäftskonzept, unklar ist allerdings, ob die Erlöse ausreichen, Simfy für die Labels attraktiv zu halten. Simfy setzt auf Streaming und nutzt damit die stimmigste Technologie der Zukunft. Die Frage ist, ob es nicht noch zu früh ist, ganz auf Download-Erlöse verzichten zu können.

4.1.5.6 Spotify

Spotify[134] funktioniert ähnlich wie Simfy, ist aber in Deutschland noch nicht verfügbar, weil keine Einigung mit der Gema gefunden werden konnte.[135]

Für Spotify gilt damit auch das gleiche wie für Simfy, wobei es Spotify wegen seiner internationalen Ausrichtung leichter haben wird.

---

[131] Vgl. http://www.spiegel.de/wirtschaft/unternehmen/0,1518,689372,00.html (27. Okt. 2010).
[132] Vgl. http://www.ksta.de/html/artikel/1281517282744.shtml (27. Okt. 2010).
[133] Vgl. http://www.simfy.de/premium und http://www.simfy.de/#/faqs/25-welche-vorteile-bietet-mir-die-premium-mitgliedschaft-und-was-kostet-sie (beide 27. Okt. 2010)
[134] Vgl. http://www.spotify.com/ (27. Okt. 2010).
[135] Vgl. http://www.heute.de/ZDFheute/inhalt/11/0,3672,8108555,00.html (27. Okt. 2010).

4.1.5.7 You Tube

Vielleicht macht am Ende aber auch wieder Google das Rennen. Sein Videodienst You Tube ist in Facebook das unangefochtene Tool, wenn es darum geht, Musik zu teilen. Der Grund dafür liegt darin, dass You Tube es seinen Nutzern erlaubt, Musik hochzuladen ohne den rechtlichen Rahmenbedingungen allzu viel Bedeutung beizumessen. In Deutschland nimmt You Tube zwar nach dem Scheitern der Verhandlungen mit der Gema Songs vom Netz, dauerhaft ist aber anzunehmen, dass sich You Tube als Streaming-Dienst durchsetzen wird.[136] Da es sich um ein Google-Unternehmen handelt, muss auch gar kein neues Erlösmodell gefunden werden. Das Erfolgsmodell heißt nach wie vor Google AdWords.

4.2 Marketing-Mix

Entlang des Marketing-Mixes[137] entwickelt diese Arbeit an dieser Stelle nun ein Geschäftsmodell für eine Musikdownload-Community. Dabei werden alle zuvor entwickelten Erkenntnisse mit einbezogen. Das Geschäftsmodell wird mittels einer Differenzierungsstrategie entwickelt. Zugrunde liegen außerdem Erkenntnisse aus einer für diese Arbeit durchgeführten empirischen Untersuchung, die das erdachte Geschäftsmodell („Musikdownload-Community") im Rahmen eines Konzepttests mit dem iTunes Store („Download-Shop") und Simfy („Streaming-Community") vergleicht. In diesem Zusammenhang wurden die Teilnehmer auch nach ihren Motiven befragt, warum sie kein Geld für Musikdownloads ausgeben. Die Ergebnisse werden im Rahmen der Produktentwicklung berücksichtigt. Angaben, die die Befragten zur Anzahl der monatlichen Downloads und ihrem Ausgabeverhalten gemacht haben, werden im Kapitel Preispolitik geschildert.

---

[136] Vgl. http://www.spiegel.de/netzwelt/web/0,1518,699475,00.html (27. Okt. 2010).
[137] Vgl. *Bea, F.X. / Haas, J.*: Strategisches Management, 2005, S. 529ff.

4.2.1 Produktpolitik

Zuerst einmal werden hier die sieben wichtigsten Erkenntnisse dieser Arbeit zusammengefasst, um daraus das Produkt in seinem Kern und seinen zusätzlichen Eigenschaften zu entwickeln:

1. Im Streaming liegt die Zukunft, zuerst einmal aber steigt der Downloadumsatz. In Zeiten von hohen Bandbreiten und Flatrates ergibt der Download von Dateien in einigen Jahren keinen Sinn mehr, weil sich Daten auf Webservern sicherer, günstiger und flexibler verwalten lassen als auf lokalen Festplatten.[138]
2. Wir befinden uns zwar im Wandel vom Tonträgermarkt zum digitalen Musikmarkt. Bis auf weiteres dominiert aber die CD den Markt.[139]
3. Live und Merchandise sind von hoher Bedeutung.[140]
4. Im Downloadmarkt gelten die Regeln des E-Commerce und nicht die der Tonträgerindustrie.[141] Nutzerfreundlichkeit und eine positive Anwendungserfahrung sind das oberste Gebot.[142]
5. Die Online-Ökonomie ist eine Long-Tail-Ökonomie. Die Nischen sind mindestens genauso wichtig wie der Mainstream. Die Aufgabe von Long-Tail-Modellen sind Aggregieren und Filtern.[143]
6. Es gibt einen Markt für Null-Euro-Produkte. Der Nutzer misst digitalen Produkten keinen Geldwert bei („Freeconomics"). Das heißt aber noch lange nicht, dass diese User nicht zahlungsbereit sind. Sie zahlen gerne für einen funktionierenden Long-Tail-Filter im Rahmen so genannter „Freemium"-Geschäftsmodelle.[144]

---

[138] Vgl. http://www.spiegel.de/netzwelt/web/0,1518,716729,00.html und http://www.spiegel.de/netzwelt/web/0,1518,699475,00.html (beide 27. Okt. 2010)

[139] Vgl. *Bundesverband Musikindustrie e.V.*: Jahreswirtschaftsbericht 2009, 2010, S. 16. und Kapitel 2.3.2 „Wandel vom Tonträgermarkt zum digitalen Markt".

[140] Vgl. http://www.spiegel.de/thema/musikmarkt/ (27. Okt. 2010).

[141] Vgl. *Tschmuck, P.*: Vom Tonträger zur Musikdienstleistung, in: *Gensch, G.*, et al (Hrsg.): Musikrezeption, Musikdistribution und Musikproduktion, 2009, S. 157.

[142] Vgl. *Krug, S.*: Don't make me think, 2006.

[143] Vgl. *Anderson, C.*: The Long Tail, 2009, S. 174f.

[144] Vgl. *Anderson, C.*: Free, 2009.

7. Bedrohungen für das Geschäftsmodell existieren im Wesentlichen durch die Verhandlungsstärke der Kunden und die Rivalität der Wettbewerber.[145]

Die Produktpolitik ist der wesentliche Teil der Geschäftsmodellentwicklung, weil die Produktdifferenzierung der wesentliche Erfolgsfaktor sein soll. Im Folgenden wird das Produkt in seinen wichtigsten Punkten definiert. Zuerst einmal werden aber die Motive für kostenloses Downloaden betrachtet.

4.2.1.1 Motive für kostenloses Downloaden

Im Rahmen dieser Arbeit wurden bei einer Onlineumfrage die Teilnehmer, die angegeben hatten, dass sie mindestens eine Musikdatei im Monat downloaden, dafür aber kein Geld ausgeben, nach ihren Motiven befragt.[146]

Zu überprüfen ist die Hypothese, dass es nicht nur die Eigenschaft ist, kostenlos zu sein, die Nutzer dazu bringen, kostenlose Downloadmöglichkeiten zu nutzen, sondern, dass auch geringere Suchkosten ein Rolle spielen. Kostenlose Downloads findet man leicht über Google. Filesharing-Dienste erleichtern das Finden und Downloaden von Dateien. Der Zahlvorgang, der vor dem Download steht, entfällt. Zudem haben kostenlose Dienste oft Community-Elemente, die den Austausch über Musik ermöglichen.

Die Ergebnisse sollen zudem Hinweise auf die Gestaltung eines kostenlosen Streaming-Angebotes bieten und Wege aufzeichnen, wie diese Zielgruppe dazu bewegt werden kann, für Musik im Internet zu bezahlen. Den Teilnehmern wurde folgende Fragen gestellt: „Es gibt viele Gründe, warum man sich entscheidet, für Downloads kein Geld zu bezahlen. Wie sehr stimmst Du folgenden Aussagen zu?“

Insgesamt 53 Prozent stimmen der Aussage „Im Internet ist doch eh alles kostenlos.“ voll und ganz oder eher zu.

---

[145] Vgl. Kapitel 4.1 „Branchenstrukturanalyse nach Porter“.
[146] Vgl. Kapitel 4.2.2 „Preispolitik“.

Abbildung 4–2. Motiv: „Im Internet ist doch eh alles kostenlos."
Quelle: Eigene Erhebung, Onlineumfrage im Oktober 2010, N=85.

Folgerichtig stimmen 49,4 Prozent der Befragten der Aussage „Ich würde für Musik bezahlen, wenn sie günstiger wäre." überhaupt nicht oder eher nicht zu.

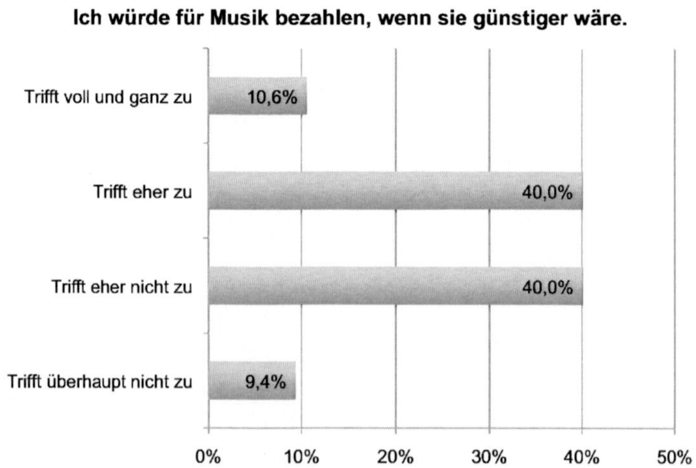

Abbildung 4–3. Motiv: „Ich würde für Musik bezahlen, wenn sie günstiger wäre."
Quelle: Eigene Erhebung, Onlineumfrage im Oktober 2010, N=85.

Es ist aber nicht so, dass grundsätzlich 50 Prozent der Befragten es kategorisch ablehnen, im Internet Geld für Musik zu bezahlen. 76,5 Prozent der

Befragten stimmen der Aussage „Ich sehe nicht ein für Musik zu bezahlen." nicht zu.

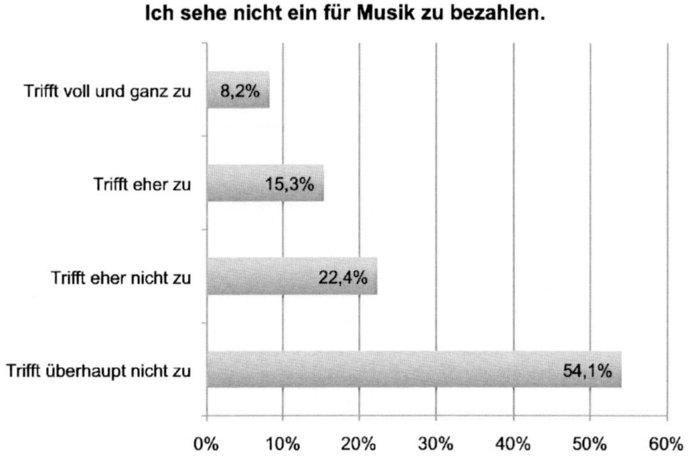

Abbildung 4–4. Motiv: „Ich sehe nicht ein für Musik zu bezahlen."
Quelle: Eigene Erhebung, Onlineumfrage im Oktober 2010, N=85.

Immerhin 35,3 Prozent der Befragten haben ein schlechtes Gewissen, wenn sie kostenlos Musikdateien herunterladen. Sie stimmen der Aussage „Ich habe zwar ein schlechtes Gewissen, zahle aber trotzdem nicht." voll und ganz oder eher zu.

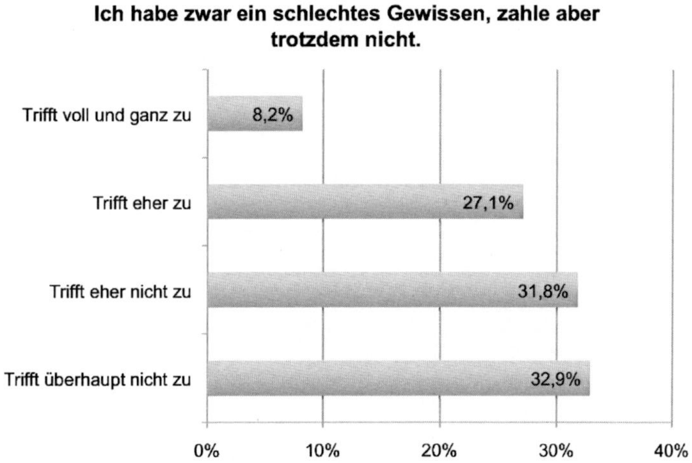

Abbildung 4–5. Motiv: „Ich habe zwar ein schlechtes Gewissen, zahle aber trotzdem nicht."
Quelle: Eigene Erhebung, Onlineumfrage im Oktober 2010, N=85.

Die folgende Frage bezieht sich auf Musikdownload-Piraterie, also das Downloaden von Musik unter Verletzung von Urheberrechten. 55,3 Prozent stimmen der Aussage „Die Gefahr erwischt zu werden ist so gering, dass ich das Risiko eingehen kann." voll und ganz oder eher zu.

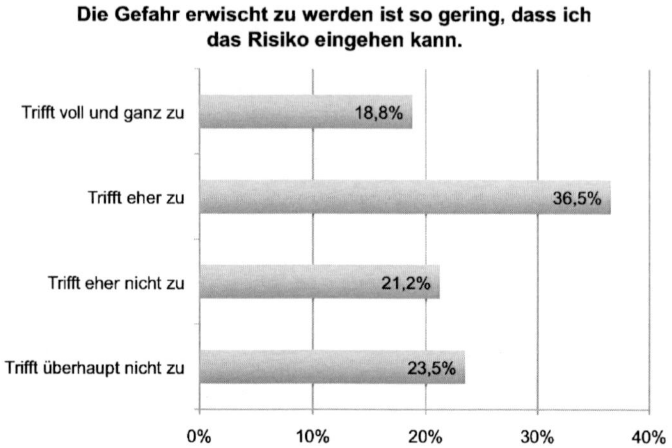

Abbildung 4–6. Motiv: „Die Gefahr erwischt zu werden ist so gering, dass ich das Risiko eingehen kann."
Quelle: Eigene Erhebung, Onlineumfrage im Oktober 2010, N=85.

Hinter der Befragung nach den folgenden drei Motiven steckt die Vermutung, dass nicht nur Geldersparnis ein Motiv für kostenlosen Download ist, sondern auch, dass kostenlose Dateien leichter zu finden sind und sich attraktive Communities im Bereich kostenlose Downloads bilden.

Ein Beispiel hierfür ist das Blog „Minitech".[147] Auf diesem Blog werden kostenlose Musikdownloads zur Verfügung gestellt. Die Veröffentlichung aus dem Bereich der „Dance Music" werden mit Text und Bild angereichert und können kommentiert werden. Durch die Kommentarmöglichkeit kann sich die Community rund um das Blog austauschen. Das Blog vernetzt sich auch über die Networking-Dienste Facebook[148] und Twitter.[149] Die Dateien werden nicht vom Blog zur Verfügung gestellt, sondern vom Datei-Hoster Hotfile.[150] Rechtlich (und

---

[147] Vgl. http://minitech.ws/ (27. Okt. 2010).
[148] Vgl. http://www.facebook.com/group.php?gid=206047998347 (27. Okt. 2010).
[149] https://twitter.com/Minitech_ws (27. Okt. 2010).
[150] Vgl. http://hotfile.com/ (27. Okt. 2010).

moralisch) haben sich die Betreiber von Minitech abgesichert: „The creator of this site is NOT responsible for any illegal usage of the content posted on this site. All links on this site are NOT hosted by MiniTech.ws. If an artist/label see a copyright problem with a link posted here, send us an email to admin@minitech.ws and we will swiftly address the problem and remove the track from this blog if requested. All links are for evaluation purposes only! All files downloaded from the links from this blog need to be deleted within 24 hours from your computer. Support the artists, buy the tracks if you like them!“[151]

Der Provider Hotfile wiederum ist ein reiner Datei-Hoster und kein Content-Anbieter. Er sichert sich ab, indem er die Möglichkeit gibt, Missbrauch zu melden.[152] Dieser Vorgang muss aber mit einem langen Fragebogen durchgeführt werden. Eine einfache Mail mit dem Download-Link reicht nicht aus, obwohl zum Löschen dieser Datei der Link ausreichen sollte. Bei anderen Anbietern wie Rapidshare genügt eine kurze Mail, um das Löschen der Dateien innerhalb weniger Minuten sicherzustellen. Um bei Hotfile Dateien schnell herunterladen zu können, ist eine kostenpflichtige Registrierung notwendig. Es wird hier also sogar Geld umgesetzt, das aber nicht den Rechteinhabern zufließt, sondern den Hosting-Providern – und es liegt nahe, dass mit diesem Geld auch Dienste wie Minitech finanziert werden.

Nun können sich Rechteinhaber darüber beklagen, sie können aber auch einmal genau hinschauen, was dieses Angebot – neben den geringen Kosten – so attraktiv macht.

47 Prozent stimmen der Aussage „Kostenlose Musik ist schneller und einfacher zu finden als kostenpflichtige.“ voll und ganz oder eher zu.

---

[151] Vgl. http://minitech.ws/disclaimer/ (27. Okt. 2010).
[152] Vgl. http://hotfile.com/reportabuse.html (27. Okt. 2010).

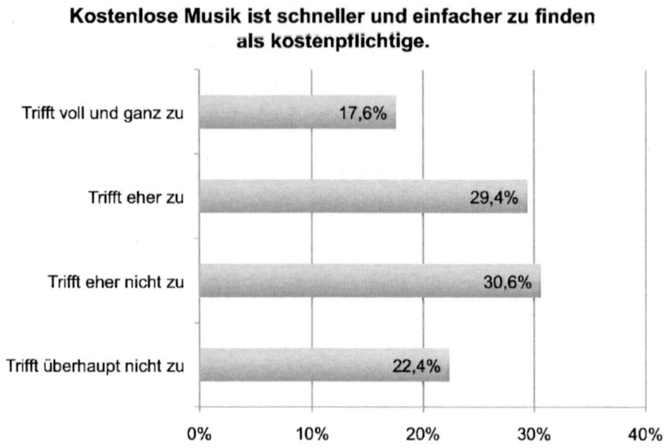

Abbildung 4–7. Motiv: „Kostenlose Musik ist schneller und einfacher zu finden als kostenpflichtige."
Quelle: Eigene Erhebung, Onlineumfrage im Oktober 2010, N=85.

Auch der Community-Aspekt spielt eine wichtige Rolle bei den Befragten. 43,5 Prozent stimmen der Aussage „Wo es kostenlose Musik gibt, gibt es auch Communities, in denen ich mich austauschen kann." voll und ganz oder eher zu.

Abbildung 4–8. Motiv: „Wo es kostenlose Musik gibt, gibt es auch Communities, in denen ich mich austauschen kann."
Quelle: Eigene Erhebung, Onlineumfrage im Oktober 2010, N=85.

Zum Schluss wurden die Teilnehmer gefragt, wie sie zu der Aussage „In Musikdownloadshops finde ich nicht die Musik, die ich suche.“ stehen. Gut 41 Prozent stimmen dieser Aussage voll und ganz oder eher zu.

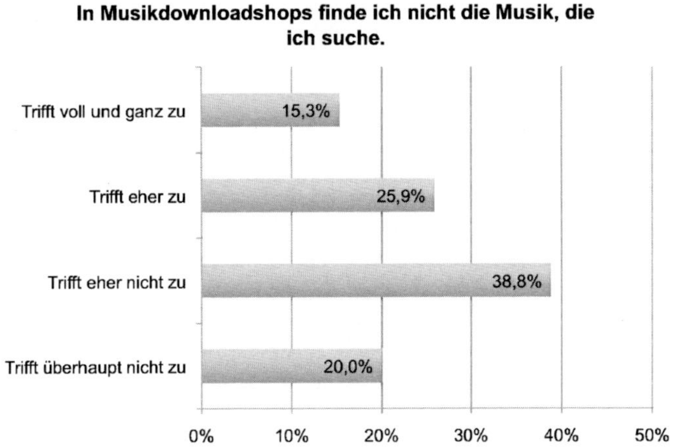

Abbildung 4–9. Motiv: „In Musikdownloadshops finde ich nicht die Musik, die ich suche.“
Quelle: Eigene Erhebung, Onlineumfrage im Oktober 2010, N=85.

Im Folgenden werden alle Aussagen noch einmal im Vergleich (Top-2-Werte) dargestellt:

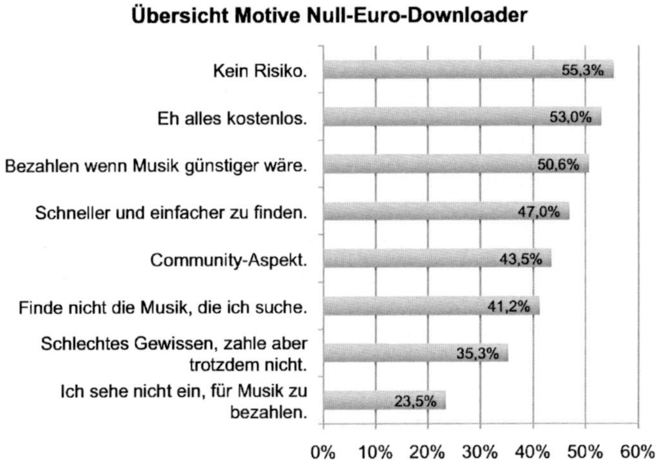

Abbildung 4–10. Übersicht Motive Null-Euro-Downloader.
Quelle: Eigene Erhebung, Onlineumfrage im Oktober 2010, N=85.

An der Spitze liegen die Aussagen, dass kostenloses (illegales) Downloaden kein Risiko darstellt (55,3 Prozent), im Internet „eh alles kostenlos" sei (53,0 Prozent) oder für günstigere Musik auch bezahlt werden würde (50,6 Prozent). Aber auch die Aspekte Suchkosten („Schneller und einfacher zu finden.": 47 Prozent und „Finde nicht die Musik, die ich suche.": 41,2 Prozent) und Community (43,5 Prozent) spielen eine große Rolle. Danach rangieren die Aspekte „Schlechtes Gewissen, zahle aber trotzdem nicht." (35,3 Prozent) und „Ich sehe nicht ein, für Musik zu bezahlen" (23,5 Prozent).

Die Ergebnisse legen nahe, dass die aufgestellte Hypothese, kostenlose Dienste werden nicht nur wegen der Geld-, sondern auch wegen der Zeitersparnis sowie den Community-Aspekten genutzt, in die richtige Richtung weist.

Hier aus kann der Schluss gezogen werden, dass es durchaus eine Zahlungsbereitschaft für Musik im Internet geben könnte. Nur müssen die Angebote so aufbereitet sein, dass die Nutzer leicht und schnell die Musik finden, die sie bevorzugen. Musik muss schnell gefunden und direkt angehört werden können. Der Download der Dateien muss ebenso schnell wie einfach möglich sein. Es muss die Möglichkeit geben, sich mit anderen auszutauschen. So wird neben dem sozialen Aspekt das Finden der für jeden richtige Musik erleichtert, in dem Empfehlungen gegeben werden.

Diese Kriterien fließen zusätzlich zu den schon erarbeiteten Erkenntnissen nun in die konkrete Produktentwicklung ein.

4.2.1.2 Grundprinzip und Musikangebot

Bei der Musikdownload-Community handelt sich um einen kostenlosen Streaming-Dienst mit der Möglichkeit, die Titel auch kostenpflichtig herunterzuladen – die Community ist somit im Sinne Andersons ein Freemium-Modell. Außerdem wird das Produkt dem Umstand gerecht, dass sich der Downloadmarkt im Wachstum befindet, im Streaming aber die Zukunft liegt. Die Erlöse sollen heute über die Downloads erzielt werden, für zukünftige Erlösmodelle sollen aber jetzt schon die Grundlagen gelegt werden.

Die Musikdownload-Community bietet ein vielfältiges Angebot an Titeln,[153] die kostenlos in hoher Qualität (320-kbps-Streams im MP3-Format) abgespielt werden können – auf dem Desktop-PC und über Smart-Phone- sowie Tablet-PC-Apps.[154] So ist es möglich, eine Musiksammlung in hoher Qualität kostenlos zusammenstellen und geräteunabhängig von überall darauf zuzugreifen.

Wichtig ist, dass das Musik-Angebot nicht nur Long-Tail-Produkte enthält, sondern auch Hits. Vor allem Neukunden benötigen ein Angebot, an dem sie sich orientieren können. Sie müssen wissen, wo sie mit der Suche beginnen sollen. Anderson weist auf diesen Umstand hin und erzählt die Geschichte von MP3.com. MP3.com wuchs sehr schnell, hatte aber genauso schnell den Ruf, eine undifferenzierte Menge schlechter Musik anzubieten. MP3 war nur Long Tail und hat den Mainstream nicht beachtet – es gab keine Lizenzabkommen mit den Majors. Folgerichtig wurde das Unternehmen geschlossen.[155]

4.2.1.3 Benutzeroberfläche, Player und Shop

Im Zentrum der Benutzeroberfläche steht ein Musikplayer, der immer den aktuell abgespielten Song sowie das dazugehörige Album anzeigt. Dort befindet sich auch ein Shop-Link, der es ermöglicht, den Song oder das Album zum Download in einen Warenkorb zu legen. Die Songs stehen im 320-kbps-MP3-Format zur Verfügung. Außerdem werden die Songs für eine professionelle Nutzung (Radio, Diskothek etc.) auch als WAV-Dateien zur Verfügung gestellt.[156] Jeder Song und jedes Album können auf Social-Media-Diensten wie Facebook, Twitter, per E-Mail oder in Social-Bookmarking-Diensten geteilt werden. So wird die virale Verbreitung des Community-Contents gewährleistet.

Der Warenkorb muss übersichtlich gestaltet sein und einen unkomplizierten Kauf und Download ermöglichen. Hierzu muss ein leistungsfähiges,

---

[153] Hierfür müssen Verträge mit allen großen Majors sowie Third-Party-Sellern für die Independents geschlossen werden. Auch mit der Gema und der GVL müssen Lizenzvereinbarungen getroffen werden.

[154] Apps, Kurzform des englischen Wortes „Applikation“, zu Deutsch „Anwendung“, kleine Programme, die es erlauben, Web-Content interaktiv auf mobilen Geräten zu nutzen.

[155] Vgl. *Anderson, C.*: The Long Tail, 2009, S. 174f.

[156] Im Dance-Music-Bereich übernehmen WAV-Files nach und nach die Rolle des Vinyls und werden über spezielle Hard- und Software angesteuert.

unkompliziertes Micro-Payment-System eingesetzt werden.[157] Kauf und Bezahlung dürfen keinerlei Hürden im Wege stehen, damit keine Kaufabbrüche provoziert werden.

4.2.1.4 Profile und Social-Media-Integration

Jeder Nutzer muss sich registrieren, damit er das Angebot personalisiert nutzen kann. Hier bietet sich eine One-Click-Registrierung mittels Facebook-Connect an, weil davon auszugehen ist, dass fast jeder Besucher Facebook nutzt.[158] Zusätzlich muss ein Benutzername und eine E-Mail-Adresse angegeben werden. Das Login ist selbstverständlich auch ohne Facebook Connect möglich.

Facebook Connect ermöglicht es außerdem, wichtige Features wie das Vernetzen mit Freunden zu übernehmen. Zusätzlich wird das Profil mit persönlichen Daten aus dem Facebook-Profil angereichert, die helfen, die passende Musik für die Nutzer zu finden. Die Nutzung von Facebook Connect hat zur Folge, dass der User, der diesen Dienst zum ersten Mal nutzt, dies gleich in seinem gewohnten sozialen Umfeld tut. Aus dieser Basis heraus kann der User nun Facebook-Freunde seinem eigenen Profil hinzufügen, Musik empfehlen, Songs bewerten und kommentieren. Der Nutzer kann ihnen Stichwörter vergeben („Tags“). Diese Informationen nutzt die Software erstens, um den Nutzern Songs anzubieten, die ihm gefallen könnten, zweitens für ein flexibles Preismodell auf das im Kapitel 4.3 „Preispolitik“ eingegangen wird. Wichtige Facebook-Features wie der so genannte „Publisher“ („Was machst du gerade?“) und die Pinnwand, auf der Freunde Nachrichten hinterlassen, werden integriert.

Für eine Personalisierung und Vernetzung ohne Facebook können Pinnwand und Publisher auch mit eigenen Eingabe-Fenstern genutzt werden. Die

---

[157] Micro-Payment-Systeme sind ein entscheidender Wettbewerbsfaktor im E-Commerce. Sie ermöglichen die Zahlung von Kleinstbeträgen bei geringen Transaktionskosten. Die Abrechnung kann über Mittler wie Paypal, direkt über die Kreditkarte oder ein Lastschriftverfahren erfolgen.

[158] Facebook Connect ist eine Technologie, die es ermöglicht, Websites personalisiert zu nutzen, ohne sich dort einzuloggen. Statt eines Logins wird der besuchten Seite erlaubt, dass sie sich mit dem persönlichen Facebook-Profil verbinden darf. Nun erkennt die Seite den Besucher und kann ihm sein persönliches Angebot anzeigen.

Software passt die Oberfläche entsprechend an, je nachdem, ob sich der Nutzer mit oder ohne Facebook Connect registriert bzw. eingeloggt hat.

Im Profil wird auch das Herzstück der Software – die Playlist-Funktion – verwaltet.

Außerdem soll es möglich sein, sich zu Fangruppen zusammenschließen. Diesen Gruppen können wiederum besondere Angebote gemacht werden. So ist es zum Beispiel üblich, dass Fans in größeren Gruppe zu Konzerten fahren.

4.2.1.5 Filter und Suche

Eine leistungsfähige Suchsoftware ermöglicht es, aktiv nach Musik seines Geschmacks zu suchen, indem neben den klassischen Filtern auch Filter wie „von meinen Freunden oft gehört" etc. eingesetzt werden können.[159] Der Filter bietet dem Nutzer außerdem in einer Seitenleiste Songs und Alben an. Die Auswahl erfolgt aufgrund des Nutzerverhaltens, also den Songs, die er spielt, den Bewertungen, die er abgibt sowie dem Nutzerverhalten der Freunde. Zusätzlich werden – sofern vorhanden – die bei Facebook erhobenen Daten verwendet.

4.2.1.6 Redaktion und Charts

Während die Software nachträglich auf Basis von Nutzerdaten und Nutzeranfragen filtert, sollte auch der klassische Vorabfilter „Redaktion" genutzt werden. Der Filter funktioniert hier profilunabhängig. Die Community enthält einen Bereich, der von professionellen Journalisten erstellt wird, die ein begleitendes Online-Musikmagazin mit Besprechungen und Berichten zusammenstellen. Integriert werden sollten auch Künstler, Bands und DJs, die ihre eigenen Favoriten in Charts zusammenstellen. Diese Charts dienen den Nutzern als Empfehlung. Die Charts können als Bundle gekauft werden. Auch übergreifende Charts, die sich auf Verkaufszahlen oder Beliebtheit beziehen, sollten dargestellt werden.

---

[159] Vgl. *Anderson, C.*: The Long Tail, 2009, S. 144.

4.2.1.7 Zusatzangebote

Außerdem soll ein begleitendes Angebot lukrative Glieder der Wertschöpfungskette mit einbeziehen: Der Verkauf von CDs und Merchandising findet auf Download-Shops selten Beachtung, offensichtlich weil davon ausgegangen wird, dass sich „Downloader“ nicht für physische Produkte interessieren. Im Gegenteil besitzen aber sicherlich viele Downloader-Nutzer für sie wichtige Musik gerne auf CD. Denkbar wäre auch, nach dem Vorbild von Foto-Communities personalisierte CDs zu erstellen und zu verkaufen.[160] Gerade echte Fans wären von einem solchen Angebot sicherlich zu begeistern.

Die Kooperation mit Tickethändlern für Live-Events liegt ebenfalls auf Hand. Den Nutzern könnten Live-Konzerte von Künstlern in der Nähe, die sie besonders häufig abspielen, angeboten werden. Kooperationen mit Festivals wären ebenso denkbar.

4.2.1.8 Smart-Phone- und Tablet-PC-Apps

Ganz wichtig für den Erfolg einer Musikdownload-Community ist eine gute mobile Nutzbarkeit. Schließlich wird schon seit dem Walkman von Sony Musik gerne unterwegs gehört. Ein eigenes Abspielgerät wird nicht benötigt, stattdessen werden Smart Phones und Tablet-PCs wie das iPad von Apple genutzt. Smart Phones und Tablet-PCs stellen Apps zur Verfügung, die eine Bedienung von Web-Content über ein Touch-Pad ermöglichen. Der Funktionsumfang einer solchen App sollte stark limitiert sein. Wichtigstes Feature sollte die personalisierte Playlist sein, die am PC erstellt und unterwegs genutzt werden kann. Der Shop kann hier nicht integriert werden, weil die meisten Smart-Phones in Deutschland iPhones von Apple sind, die einen direkten Download von Dateien nicht zulassen. Außerdem dürfe es fraglich sein, ob Apple Konkurrenz zu seinem iTunes Store überhaupt zulässt. Auch die Social-Media-Features sollten sich auf das Publisher-Feld und die Pinnwand begrenzen. Die App sollte in erster Linie ein Musik-Player für unterwegs sein, Downloads sollten nur über den PC eingekauft werden können.

---

[160] Dienste wie Flickr bieten zum Beispiel an, Bilder nicht nur in digitaler Form online zu verwalten und zu teilen, sondern sich auch Fotobücher erstellen und zusenden zu lassen, vgl. http://www.flickr.com/ (27. Okt. 2010).

4.2.2 Preispolitik

Das Angebot ist grundsätzlich erst einmal kostenlos und kann auch im vollen Umfang kostenlos genutzt werden. Kostenpflichtig sind lediglich die Zusatzangebote.

MP3-Downloads haben flexible Preise, zum Beispiel zwischen 0 Euro und 1,49 Euro.[161] Die Preisgestaltung wird personalisiert – je höher die Beliebtheit, desto höher der Preis. Hierfür wird die gesamte Beliebtheit, also die Anzahl der Downloads, genauso zur Hilfe genommen wie die Nutzerdaten der Nutzer selbst sowie der Freunden der Nutzer. Ist also ein Künstler im persönlichen Umfeld sehr beliebt, steigt auch der personalisierte Preis der Songs dieses Künstlers. Songs unbeliebter Künstler werden kostenlos oder sogar umsonst angeboten.

Ziel ist dabei vor allem, einen möglichst hohen Preis pro Download zu erzielen. Wie im Kapitel 4.2.1.1 beschrieben, scheint ein günstigerer Preis kein ausreichendes Motiv dafür zu sein, für Downloads zu zahlen. Folglich sollte auch keine Preisstrategie gefahren werden, um die Konsumentenrente[162] gering zu halten.

Die Preise für CDs, Tickets und Merchandising-Artikeln orientieren sich am Marktüblichen.

Im Rahmen dieser Arbeit wurde auch gefragt, wie viele Musikdateien die Teilnehmer der Studie monatlich downloaden und wie viel Geld sie dafür ausgeben. Es zeigt sich, dass ein Großteil der Befragten (92,2 Prozent) maximal 100 Musikdateien im Monat herunterlädt:

[161] Vgl. Kapitel 3.1 „The Long Tail".
[162] Die Differenz zwischen dem tatsächlichen Preis und dem Preis, den der Kunde zu zahlen bereit ist

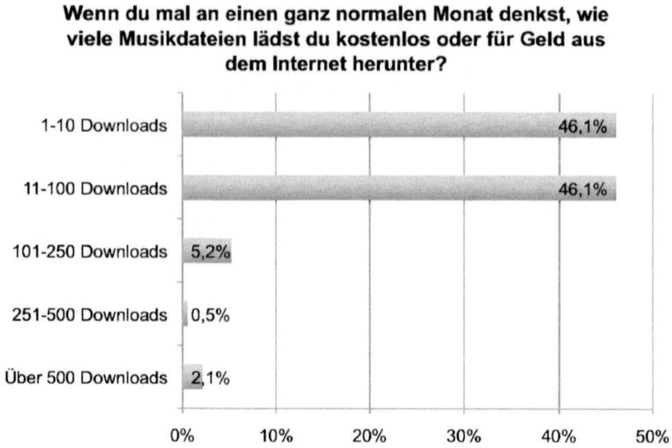

Abbildung 4–11. Anzahl Musik-Downloads pro Monat und Konsument.
Quelle: Eigene Erhebung, Onlineumfrage im Oktober 2010, N=191.

In der Befragung gab es auch die Möglichkeit, „0 Downloads" auszuwählen. Teilnehmer, die diese Antwort gegeben haben, wurden aber ausgeschlossen, weil sie nicht zur Zielgruppe gehören.

Die folgende Grafik zeigt, dass die meisten Befragten ausschließlich kostenlose Download-Angebote nutzen (44,5 Prozent). 34,6 Prozent geben zwischen 1 und 10 Euro monatlich für Musik-Downloads aus, 11 Prozent zwischen 11 und 20 Euro und 73 Prozent zwischen 21 und 50 Euro. Über 50 Euro geben nur sehr wenige im Monat für Musik-Downloads aus.

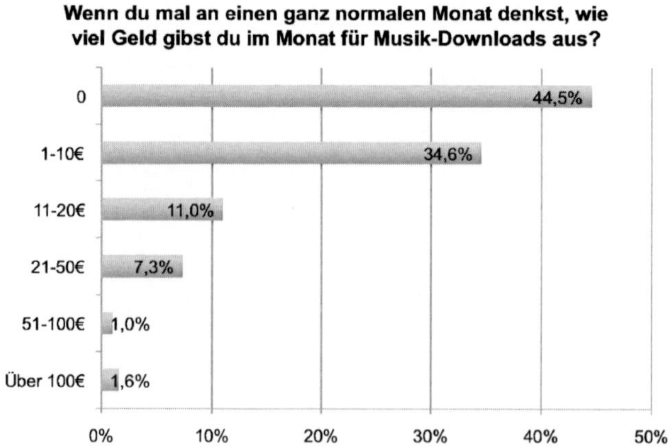

Abbildung 4–12. Anzahl Musik-Downloads pro Monat und Konsument.
Quelle: Eigene Erhebung, Onlineumfrage im Oktober 2010, N=191.

Die Hälfte der Befragten gibt an, für Musik-Downloads im Internet Geld auszugeben. Das heißt nicht, dass auch die Hälfte der Kunden in der Musikdownload-Community für Downloads bezahlen. Anderson geht davon aus, dass etwa 5 Prozent zahlungswillige Kunden für ein Freemium-Modell realistisch sind und ausreichen müssen. Er verweist auf Anbieter von Onlinespielen, die bei 5 bis 10 Prozent zahlungswilligen Kunden keine roten Zahlen schreiben.[163] So ist davon auszugehen, dass etwa 5 bis 10 Prozent der Nutzer dennoch aus welchen Gründen auch immer die Musikdateien downloaden möchten.

Mit dieser Schätzung, den erhobenen Daten zu Menge Downloads und Ausgabeverhalten der Kunden sowie einer realistischen Reichweitenschätzung kann bei der späteren Businessplanerstellung eine Preisgestaltung abgeleitet werden.

4.2.3 Kommunikationspolitik

Auf Werbung wird im Rahmen dieser Arbeit nur am Rande eingegangen. Aufgrund der starken Konkurrenz sowie dem wichtigen Einflussfaktor „Kunde" muss aber im Investitionsvolumen sowie in der Kostenrechnung ein erheblicher Anteil für Werbung kalkuliert werden. Es bietet sich ein Mix aus Online- und Offlinewerbung an. Im Bereiche „Offline" sollten die Medien TV (Sparten) und Print (Special Interest) genutzt werden, um eine relevante Reichweite zu erzielen. Im Bereich Online sollte auf virale Möglichkeiten (Facebook, Twitter), Bannerwerbung in musikorientierten Communities wie My Space sowie Search Engine Marketing (SEM, im Wesentlichen Google AdWords) gesetzt werden. Bannerwerbung auf content-orientierten Reichweitenmedien bietet sich ebenfalls an.

4.2.4 Vertriebspolitik

Da die Produkte direkt an den Endkunden vertrieben werden, ist die Musikdownload-Community selbst der Vertriebskanal, sodass der Vertriebspolitik hier keine weitere Beachtung geschenkt werden muss.

---

[163] Vgl. Kapitel 3.2.1 „Free".

4.3 Konzepttest Musikdownload-Community

Im Rahmen dieser Arbeit wurde ein Konzepttest durchgeführt, mit dem Ziel, herauszufinden, ob die grundsätzliche Idee einer Musikdownload-Community dem Urteil der Befragten standhält. Insgesamt wurden drei Konzepte getestet: die Musikdownload-Community, das Angebot des iTunes Stores (im Test anonymisiert als Download-Shop) sowie das Angebot von Simfy (im Test anonymisiert als Streaming-Community). Der iTunes Store wurde ausgewählt, weil der Apple-Shop Marktführer ist und das Geschäftsmodell ausschließlich auf dem Verkauf von Downloads beruht. Simfy wurde ausgewählt, weil das Geschäftsmodell als zukunftsfähig eingestuft wurde und das deutsche Unternehmen keine Downloads anbietet, sondern als reiner Streaming-Dienst Erfolg haben will. Die hier entwickelte Musikdownload-Community platziert sich also genau zwischen diese Dienste, gemäß der Vermutung, dass im Streaming zwar die Zukunft liegt, auf Downloads mittelfristig aber nicht verzichtet werden kann, wenn relevante Erlöse erzielt werden sollen.

Insgesamt 191 Befragten wurden in drei Splits jeweils ein Konzept vorgelegt. Die Befragten hatten also nicht die Möglichkeit, die Konzepte zu vergleichen. Hierdurch sollte eine neutrale Einschätzung gewährleistet werden. Im Folgenden werden zuerst die Ergebnisse der Musikdownload-Community ausgewertet und dann mit den Ergebnissen der anderen Konzepte verglichen.

Die Musikdownload-Community wurde den Befragten wie folgt beschrieben: „In dieser Download-Community kann man ein großes Angebot von Musik in hoher Qualität hören und die Musik mit Freunden teilen – eine Art Facebook für Musik. Die Community hilft dir, Freunde mit ähnlichem Musik-Geschmack zu finden und Musik aufzuspüren, die du magst. Die Mitgliedschaft und das Anhören der Musik in hoher Qualität sind kostenlos. Wenn du Musik downloaden willst, musst du pro Download zahlen. Die Preise schwanken je nach Beliebtheit. Einige Downloads gibt es auch kostenlos."

Zuerst wurden die Teilnehmer gefragt, wie wahrscheinlich es ist, dass die Befragten der Community beitreten würden. 59,2 Prozent beantworten diese Frage mit „ganz sicher" oder „wahrscheinlich". 23,7 Prozent geben an, dieser

Community „vielleicht“ beitreten zu wollen. 17,1 Prozent werden „wahrscheinlich nicht“ oder „ganz sicher nicht“ beitreten.

Abbildung 4–13. Wahrscheinlichkeit Beitritt Musikdownload-Community.
Quelle: Eigene Erhebung, Onlineumfrage im Oktober 2010, N=76.

Danach wurden die Befragten gebeten, einige Aussagen zur Download-Community auf einer Fünferskala zu bewerten. Verglichen werden die Top-2-Werte, also Aussagen derjenigen Befragten, die in der Skala 1 oder 2 ausgewählt haben. Der Aussage „Das Produktkonzept ist die beste Möglichkeit, online Musik zu bekommen.“ stimmen 34,2 Prozent zu.

Abbildung 4–14. Aussage: „Das Produktkonzept ist die beste Möglichkeit, online Musik zu bekommen.“
Quelle: Eigene Erhebung, Onlineumfrage im Oktober 2010, N=76.

Der Aussage „Das Produktkonzept ist die günstigste Möglichkeit, online Musik zu bekommen." stimmen 26,3 Prozent zu.

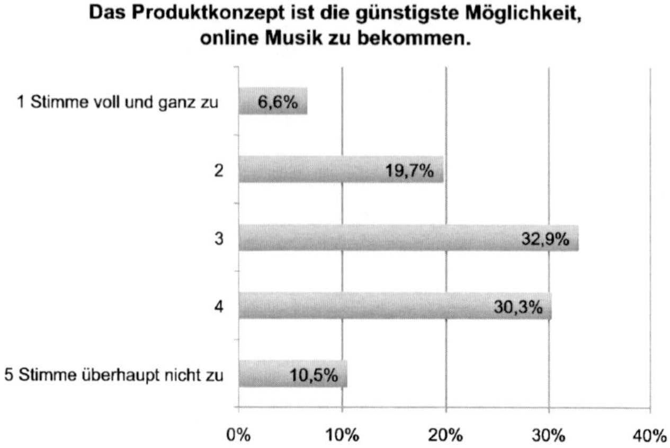

Abbildung 4–15. Aussage: „Das Produktkonzept ist die günstigste Möglichkeit, online Musik zu bekommen."
Quelle: Eigene Erhebung, Onlineumfrage im Oktober 2010, N=76.

Der Aussage „Das Produktkonzept ist die bequemste Möglichkeit, online Musik zu bekommen." stimmen 50 Prozent zu.

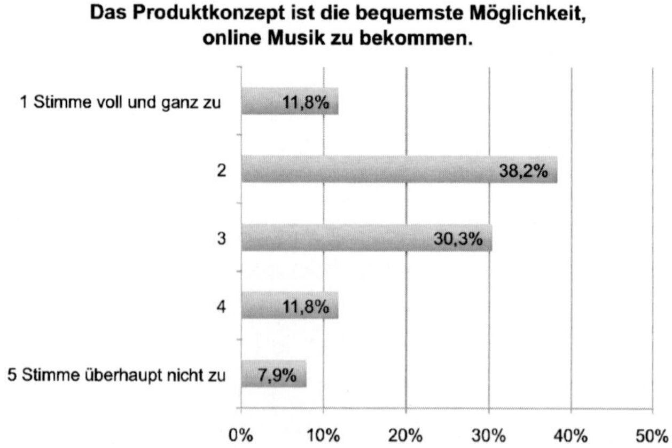

Abbildung 4–16. Aussage: „Das Produktkonzept ist die bequemste Möglichkeit, online Musik zu bekommen."
Quelle: Eigene Erhebung, Onlineumfrage im Oktober 2010, N=76.

Der Aussage „Das Produktkonzept ist die beste Möglichkeit, eine große Auswahl an Musikstücken zu bekommen." stimmen 55,3 Prozent zu.

Abbildung 4–17. Aussage: „Das Produktkonzept ist die beste Möglichkeit, eine große Auswahl an Musikstücken zu bekommen."
Quelle: Eigene Erhebung, Onlineumfrage im Oktober 2010, N=76.

Der Aussage „Das Produktkonzept ist die neueste Möglichkeit, eine große Auswahl an Musikstücken zu bekommen." stimmen 47,4 Prozent zu.

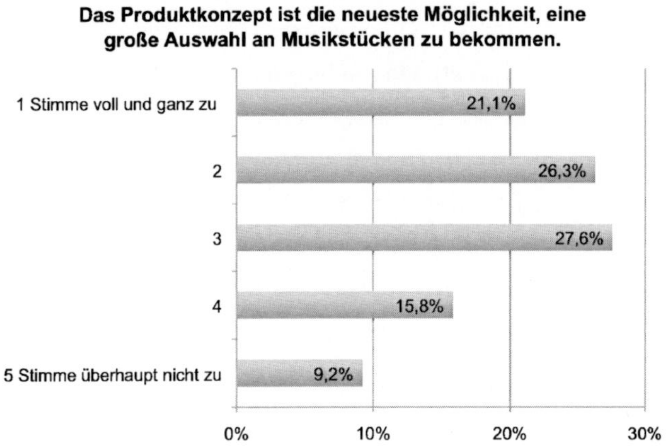

Abbildung 4–18. Aussage: „Das Produktkonzept ist die neuste Möglichkeit, eine große Auswahl an Musikstücken zu bekommen."
Quelle: Eigene Erhebung, Onlineumfrage im Oktober 2010, N=76.

Der Aussage „Das Produktkonzept ist ein Angebot, das ich alles in allem ansprechend finde.“ stimmen 63,2 Prozent zu.

Abbildung 4–19. Aussage: „Das Produktkonzept ist ein Angebot, das ich alles in allem ansprechend finde.“
Quelle: Eigene Erhebung, Onlineumfrage im Oktober 2010, N=76.

Um die Aussagen im Vergleich bewerten zu können, wurden die Top-2-Werte aller Aussagen verglichen. Den besten Wert bekommt die Aussage, dass das Konzept insgesamt ansprechend ist (63,2 Prozent). Außerdem stimmen die Befragten der Aussage mehrheitlich zu, dass dieses Angebot die größte Auswahl hat (55,3 Prozent) und die bequemste Möglichkeit ist, online Musik zu bekommen (50 Prozent). Das Ziel der Musikdownload-Community, die Suchkosten zu senken und den Zugang zu Musikstücken zu erleichtern könnte das Produkt also erreichen. Der schlechte Wert für die Aussage „günstigste Möglichkeit“ ist nicht überraschend, da das Konzept als Freemium-Produkt gegenüber komplett kostenlosen Angeboten bezüglich der Kosten für den Kunden nicht standhalten kann. Allerdings bekommt das Konzept einen relativ schlechten Wert für die Aussage „die beste Möglichkeit“ zu sein, online Musik zu bekommen.

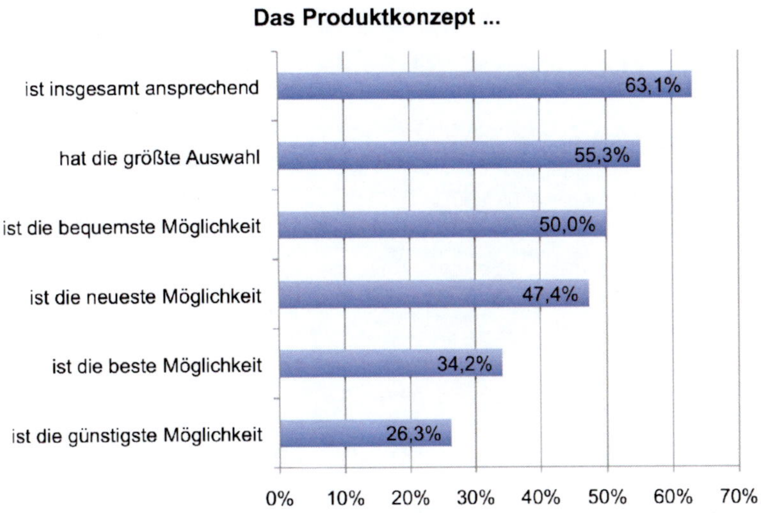

Abbildung 4–20. Zusammenfassung der Aussagen zur Musikdownload-Community.
Quelle: Eigene Erhebung, Onlineumfrage im Oktober 2010, Top-2-Werte, N=76.

Um die Kraft der Aussagen zur Musikdownload-Community überprüfen zu können, wurden sie den Aussagen zu der Streaming-Community und zum Download-Shop entgegengestellt.[164] Verglichen wurden die Top-2-Werte. Die Musikdownload-Community schneidet bei allen Aussagen deutlich als beste ab. Nur beim Preis liegt die Streaming-Community weit vor den beiden Alternativen, da nur hier keine Downloads bezahlt werden müssen.

---

[164] Die Alternativangebote wurden den Befragten wie folgt beschrieben: „Streaming-Community: In dieser Community kann ein großes Angebot an Musikstücken in hoher Qualität angehört, aber nicht heruntergeladen werden. Die Lieder verwaltet man in Playlists im Web-Browser. Die Playlists lassen sich auch mit einem Smart-Phone mit Hilfe von Apps abspielen – dazu muss man nicht mit dem Internet verbunden sein. Zwischen den Liedern wird Werbung eingespielt, dafür ist aber eine normale Mitgliedschaft kostenlos.“; „Download Shop: In diesem Download-Shop kann ein großes Angebot an Musikstücken und ganzen Alben gekauft, heruntergeladen und in einer eigenen Software abgespielt werden. Mit Hilfe der Software können die Stück auf einen speziellen MP3-Player übertragen werden. Die Stücke können in Playlisten sortiert und nach Künstlern und Genre sortiert werden. Im Shop können 30 Sekunden der Stücke vorgehört werden. Stücke und Alben können von den Kunden bewertet und kommentiert werden.“

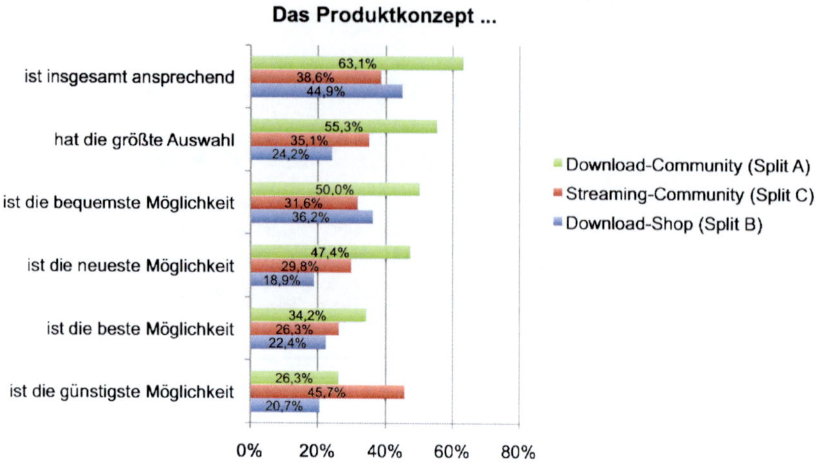

Abbildung 4–21. Zusammenfassung der Aussagen zur Musikdownload-Community.
Quelle: Eigene Erhebung, Onlineumfrage im Oktober 2010, Top-2-Werte, Split A: N=76, Split B: N=58, Split C: N=57.

In einem letzten Schritt wurde die Musikdownload-Community der Streaming-Community entgegengestellt, um die Signifikanz der Unterschiede zu messen. Für diesen Test wurde die Streaming-Community ausgewählt, da sie wesentlich mehr Ähnlichkeiten mit dem der Musikdownload-Community vorweist. Der Vergleich wird mit den Aussagen zur Wahrscheinlichkeit des Beitritts zur Community als aktives Mitglied durchgeführt.[165]

[165] Vgl. Abbildung 4-12.

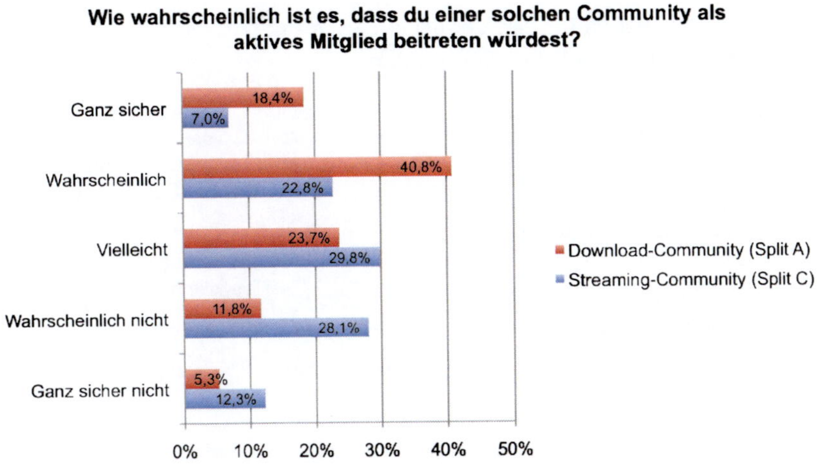

Abbildung 4–22. Wahrscheinlichkeit Beitritt Communities.
Quelle: Eigene Erhebung, Onlineumfrage im Oktober 2010, Split A: N=76, Split C: N=57.

Auch hier zeigt sich, dass die Befragten der Musikdownload-Community mit einer höheren Wahrscheinlichkeit (Top-2-Wert = 59,2 Prozent) beitreten würden als der Streaming-Community (Top-2-Wert = 29,8 Prozent).

Zur Verifizierung wurde ein Signifikanztest durchgeführt. Hierfür wurde ein Excel-Tool zur Hilfe genommen. Bei einem vorausgesetzten Signifikanzniveau von 95 Prozent wurde errechnet, dass bei einem zweiseitigen Test (Prozentsatz 1 ungleich Prozentsatz 2) der Unterschied ein Signifikanzniveau von 98,8 und bei einem einseitigen Test (Prozentsatz 1 gleich Prozentsatz 2) 99,4 erreicht. Der Unterschied ist somit signifikant (siehe Grafik auf der nächsten Seite).

Signifikanztest für den Vergleich zweier Prozentwerte aus unterschiedlichen Stichproben

		Fallzahl		Prozentsatz
1. Stichprobe	n_1 =	76	p_1 =	59,2
2. Stichprobe	n_2 =	57	p_2 =	29,8
gewünschtes Signifikanzniveau: (optional)		95 %		
Ergebnis				Abweichung ist zum Niveau von 95 % ...
zweiseitiger Test ($p_1 \neq p_2$)	Niveau:	98,80		... signifikant
einseitiger Test ($p_1 > p_2$)	Niveau:	99,40		... signifikant

Abbildung 4–23. Signifikanztest Wahrscheinlichkeit Beitritt Musik-Communities.
Quelle: Eigene Erhebung, Onlineumfrage im Oktober 2010, Split A: N=76, Split C: N=57.

Der Ergebnisse legen also die Schlussfolgerung nahe, dass die Konzeption der Musikdownload-Community den Nerv der Befragten besser trifft als ein reiner Download-Shop oder ein Streaming-Angebot ohne Download-Möglichkeit. Zumindest hält sie der Beurteilung der Befragten stand. Insbesondere wird die These dieser Arbeit gestützt, dass ein erfolgreiches Geschäftsmodell auf einer Freemium-Strategie unter Berücksichtigung des Long Tails aufbauen sollte.

4.4 Stärken-Schwächen-Analyse

Um die Musikdownload-Community in ihrem Erfolgspotenzial bewerten zu können, bietet sich eine abschließende Stärken-Schwächen-Analyse an. Im Rahmen einer Unternehmensanalyse werden hier die Stärken und Schwächen im Bezug auf das eigene Potenzial und die Konkurrenz beleuchtet. Mittels einer Umweltanalyse werden Chancen und Risiken bewertet. Hierbei wird auf die bereits erfolgte Branchenstrukturanalyse, die ebenfalls die Umwelt analysiert, Bezug genommen.

Die Analyse erfolgt aber nur ansatzweise auf Basis der bislang erarbeiteten Erkenntnisse. Die Zurhilfenahme der Wertkette nach Porter, der strategischen Erfolgsfaktoren sowie Konkurrentenanalyse, wie von Bea und Haas empfohlen, würde im Rahmen dieser Arbeit gemäß ihrer Zielsetzung zu weit führen. Dieses Kapitel dient der kritischen Würdigung im Schlussteil dieser Arbeit

Die folgende Grafik zeigt das Modell der Stärken- und Schwächenanalyse. Die herausgearbeiteten Stärken, Schwächen, Risiken und Chancen sind bereits in Stichwörtern benannt und werden im Folgenden kurz beschrieben. Abschließend wird aus der Analyse ein Strategieansatz entwickelt.

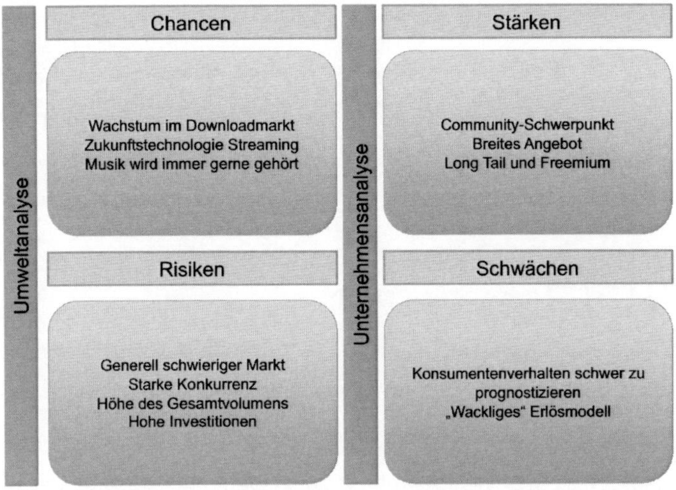

Abbildung 4–24. Stärken-Schwäche-Analyse der Musikdownload-Community.
Quelle: Vgl. Bea, F.X. / Haas, J.: Strategisches Management, 2005, S. 112 Eigene Grafik und eigene Analyse.

4.4.1 Stärken

Gemäß dem Ziel, über eine durchdachte Produktdifferenzierung Wettbewerbsvorteile zu erlangen, liegen hier natürlich die Stärken des Produktes. Insbesondere die an Facebook angedockte Community-Orientierung entspricht der Entwicklung des Internets. Es wird nicht nur das „Consumer-Format" MP3, sondern auch das Profiformat WAV angeboten. Das Angebot von CDs (als Standardprodukt oder personalisierte Funktion) und Merchandising-Artikeln integriert Produkte mit einem echten Gegenwert, den die Kunden gerne bezahlen. Die Kooperation mit Ticket-Anbietern führt zu weiteren Erlösen aus einem wichtigen und wachsenden Marktsegment.

4.4.2 Schwächen

Die Schwächen des Produktes liegen in dieser Phase der Produktentwicklung darin, dass das zukünftige Markt- und Käuferverhalten aufgrund von Annahmen prognostiziert werden. Hier müssten durch eine Erforschung der Konsumentenbedürfnisse und durch einen soliden Businessplan Zweifel ausgeräumt werden.

4.4.3 Chancen

Die Chancen liegen vor allem darin, dass sowohl in einen wachsenden Markt, dem Downloadmarkt, investiert wird als auch schon an die Nachfolgetechnologie „Streaming“ gedacht wird. Zudem ist der Musikmarkt generell nicht gefährdet, weil es nicht vorstellbar ist, dass das Interesse an Musik nachlassen wird.

4.4.4 Risiken

Die Risiken des Vorhabens liegen in der Rivalität der Wettbewerber der Branche sowie der Verhandlungsstärke der Kunden.[166]

Es gibt zwar ein Wachstum bei den Downloads, der Markt generell aber schrumpft, was die Wettbewerbssituation verstärkt. Unklar ist, inwiefern in Zukunft überhaupt ein Umsatzvolumen erreicht werden kann, von dem alle Glieder der Wertschöpfungskette partizipieren können. Es ist durchaus möglich, dass sich mittelfristig davon verabschiedet werden muss, mit dem Musikverkauf überhaupt noch relevante Umsätze zu erzielen. Es wäre immerhin möglich, dass es der Onlineökonomie insgesamt nicht gelingt, mit digitalen Produkten Umsätze zu erzielen, weil der Kunde schlicht nicht mehr dazu bereit ist, für Dateien Geld zu bezahlen.

---

[166] Vgl. Kapitel 4.1 „Branchenstrukturanalyse nach Porter“.

4.4.5 Strategieansatz: Stärken und Chancen nutzen

Es scheint angebracht, aufgrund der Analyse sich in der strategischen Ausrichtung auf die Chancen und die Stärken zu konzentrieren und mit einem Businessplan die Schwächen zu kalkulieren. Die Gefahren sollten durch eine intensive Beobachtung des Marktes minimiert werden.

Die Entscheidung für einen Strategieansatz fällt also auf einen Stärken-Chancen-Strategie – die Chancen unter Ausspielung der Stärken zu nutzen.

5 Fazit und Kritik

Zu Beginn dieser Arbeit wurde das Problem des Umsatzrückgangs des Musikmarktes beleuchtet. Ohne Zweifel sehen wir einen Wandel vom Tonträgermarkt zum digitalen Musikmarkt. Damit stehen die klassischen Tonträgerunternehmen im Wettbewerb mit den Unternehmen der Onlineökonomie. Die neuen Player heißen Apple, Amazon und mit You Tube sicherlich auch bald Google. Diese Gegner scheinen übermächtig gegen Unternehmen wie EMI Music oder Universal. Allerdings beherrschen die neuen Player die digitalen Absatzwege und nicht die Musikproduktion, den Rechtehandel und die Labelarbeit. Eine Konzentration auf diese Kernkompetenzen und eine gewinnbringende Kooperation mit der Onlineökonomie wäre sicherlich angebracht.

In dieser Arbeit wurde das Modell einer Musikdownload-Community entwickelt. Das Thema wurde also von der Seite der Onlineökonomie angegangen. Der Musikmarkt wurde analysiert mit dem Ergebnis, dass der Musikmarkt der Zukunft ein digitaler Markt sein wird – spätestens dann, wenn die letzte CD gepresst wird. Ein physisches Nachfolgeprodukt wird es nicht geben.

Die Thesen von Chris Anderson wurden als die geeigneten ausgewählt, um ein Geschäftsmodell zu entwickeln. Zur Überprüfung wurden die Gegenthesen von Gisela Schmalz herangezogen, die der Argumentation von Anderson letztlich nicht standhalten konnten. Anderson hat nachvollziehbar erklärt, dass der digitale Markt der Zukunft ein Long-Tail-Markt ist und dass das Modell der „Freeconomics" ein schlüssiges Modell für die Onlineökonomie ist.

Folglich wurden die Ideen und Erkenntnisse Andersons aufgenommen. Herausgekommen ist ein Long-Tail-Angebot, das Nischenprodukte, die leicht zu finden sind, genauso bereithält wie Mainstream-Musik. Die Musikdownload-Community wurde als Freemium-Modell konzipiert, die ein kostenloses Angebot bietet (Streaming) und zusätzlich kostenpflichtige Produkte bereithält (Downloads, CDs, Merchandising-Produkte, Konzerttickets). Downloads werden nur ein Übergangsangebot von der CD zu Streaming-Diensten sein und solange verkauft werden können, wie es Sinn hat, Dateien auf lokalen Festplatten abzuspeichern. Da es bis dahin aber noch dauert und der Download kräftige

Wachtumsraten verzeichnet, wurde im Geschäftsmodell auf das Erlösmodell Download zurückgegriffen. Durch den Einsatz der Streaming-Technologie wurde der Grundstein für eine Veränderung des Geschäftsmodells nach der Download-Ära gelegt.

Neben aus der Literaturrecherche und aus Mitteln des strategischen Managements gezogenen Erkenntnissen wurde auch eine empirische Erhebung durchgeführt. Im Zentrum der Befragung stand ein Konzepttest. Außerdem wurden die Motive von Null-Euro-Downloadern untersucht. Die Ergebnisse stützen die Thesen dieser Arbeit und befürworten das entwickelte Konzept. Allerdings hat der empirische Teil auch sein Schwächen.

70 Prozent der Befragten sind männlich. Laut GfK Consumer Panel[167] lag dieser Anteil bei Nutzern von Musik-Downloads im Jahre 2009 bei 63 Prozent. In der Befragung lag der Anteil der 20- bis 29-Jährigen bei 46,1 Prozent, das GfK Consumer Panel bei 25 Prozent. Der Anteil der 30- bis 39-Jährigen lag in der Befragung bei 44,5 Prozent, laut GfK sind es 29 Prozent. Über 50 Jahre alt sind laut GfK 28 Prozent, in der Befragung waren dies nur 2 Prozent. Auch die Unter-19-Jährigen waren in der Befragung nur mit einem geringen Anteil von 2,1 Prozent vertreten, während die GfK 18 Prozent errechnet hat.

Die Befragten sind also tendenziell jünger und männlicher als von der GfK errechnet, was zu Lasten der Repräsentativität geht. Es ist also davon auszugehen, dass die Befragten grundsätzlich Online- und Community-affiner sind als das GfK Consumer Panel. Außerdem wurde die wichtige Gruppe der Digital Natives, also im Wesentlichen die Unter-19-Jährigen, die kostenpflichtigen Angeboten im Web kritisch gegenüber stehen, kaum beachtet.

Die Befragten wurden hauptsächlich aus dem privaten Umfeld, über Facebook und das Umfeld der Rheinischen Fachhochschule rekrutiert – das wird der Grund für die Verschiebungen sein. Der Akquisekanal Facebook verstärkt ebenfalls die Community-Affinität der Befragten.

---

[167] Vgl. *GfK*: Musikdownloads, 2009, S. 3.

Außerdem konnten für die Befragung zur Musikdownload-Community mehr Befragte rekrutiert werden (N=76) als für den Download-Shop (N=58) und die Streaming-Community (N=57).

Sicherlich müssten die Ergebnisse vor der Erstellung eines Businessplans noch einmal überprüft wurden. Eine Tendenz ist aber eindeutig zu erkennen, so dass die Ergebnisse dennoch eine solide Grundlage für diese Arbeit darstellen.

Das Ziel dieser Arbeit, ein tragfähiges Geschäftsmodell für eine Musikdownload-Community zu entwickeln, wurde erreicht. Den weiteren Zielen, Erkenntnisse zum Wandel des Musikmarktes und zu den aktuellen Entwicklungen der Onlineökonomie wurde ebenfalls Rechnung getragen. Der nächste logische Schritt wäre nun, einen Businessplan zu entwerfen und Investoren für die Idee zu begeistern.

Ob das Modell letztlich realisiert werden sollte, hängt von der konkreten Umsatz- und Kostenstruktur ab, die in einem Markt im Umbruch gründlich analysiert werden sollte.

Darstellungsverzeichnis

Literaturverzeichnis

Anderson, C. [Free]:
Free – Kostenlos: Geschäftsmodelle für die Herausforderungen des Internets, 1. Auflage, Frankfurt am Main 2009

Anderson, C. [The Long Tail]:
The Long Tail: Nischenprodukte statt Massenmarkt. Das Geschäft der Zukunft, 2. Auflage, München 2009

Bea, F.X. / Haas, J. [Strategisches Management]:
Strategisches Management, 4. Auflage, Stuttgart 2005

Bundesverband Musikindustrie e.V. [Jahreswirtschaftsbericht 2009]:
Jahreswirtschaftsbericht 2009, Berlin 2010

Clement, M. et al (Hrsg.) [Ökonomie der Musikindustrie]:
Ökonomie der Musikindustrie, 2. Auflage, Wiesbaden 2008

Gensch, G. et al (Hrsg.) [Musikrezeption, Musikdistribution und Musikproduktion]:
Musikrezeption, Musikdistribution und Musikproduktion: Der Wandel des Wertschöpfungsnetzwerks in der Musikwirtschaft, 1. Auflage, Wiesbaden 2008

GfK [Musikdownloads]:
GfK Consumer Panel: Musikdownloads, Nürnberg 2009

Joachimsthaler, E. [Marketing auf Innovationskurs]:
Marketing auf Innovationskurs, 1. Auflage, München 2008

Kromer, E. [Wertschöpfung in der Musikindustrie]:
Wertschöpfung in der Musikindustrie. Zukünftige Erfolgsfaktoren bei der Vermarktung von Musik, 1. Auflage, Baden-Baden 2009

Krug, S. [Don't make me think]:
Don't make me think, 2. Auflage, Heidelberg 2006

Küsell, F. [Unternehmensgründung]:
Praxishandbuch Unternehmensgründung, 1. Auflage, Wiesbaden 2006

Schmalz, G. [No Economy]:
No Economy: Wie der Gratiswahn das Internet zerstört, 1. Auflage, Frankfurt am Main 2009

Schneider, B. / Weinacht, S. (Hrsg.) [Musikwirtschaft und Medien]: Musikwirtschaft und Medien. Märkte - Unternehmen – Strategien, 2. Auflage, Baden-Baden 2009

Wirtz, B. W. [Medien- und Internetmanagement]: Medien- und Internetmanagement, 5. Auflage, Wiesbaden 2006

Internetquellen

Alle Internetquellen wurden am 27. Oktober 2010 noch einmal aufgerufen. Die Internetquellen werden in der Reihenfolge aufgeführt, in der sie im Laufe der Arbeit hinzugezogen wurden.

http://www.spiegel.de/flash/flash-24077.html („Wer mit Musik Geld verdient")

http://www.emimusicpub.com/ (EMI Music Publishing)

http://www.warnerchappell.com/ (Warner / Chappell Music)

http://www.universal-music-publishing.de (Universal Music Publishing)

http://www.handelsblatt.com/unternehmen/it-medien/universal-darf-bmg-musikverlagsgeschaeft-haben;1271674 („Universal darf BMG-Musikverlagsgeschäft haben")

http://www.gema.de/ (GEMA)

https://www.gvl.de/ (GVL)

http://netlabels.de/ (Netlabels)

http://www.spiegel.de/thema/musikmarkt/ (Dossier „Musikmarkt")

http://www.bitkom.org/de/markt_statistik/64038_62526.aspx („Rekord: 40 Prozent Umsatz-Plus mit Musik-Downloads")

http://www.wordandsound.net/ (Word and Sound Medien GmbH)

http://www.cargo-records.de/ (Cargo Records GmbH)

http://www.spiegel.de/wirtschaft/unternehmen/0,1518,715639,00.html („Design-Kollektiv soll Ottos Webshop aufpeppen")

http://de.dawanda.com/ (DaWanda)

http://www.rhapsody.com/ (Rhapsody)

http://www.apple.com/de/itunes/whats-on/#music (Apple – iTunes) http://www.zeit.de/online/2006/41/google-tube („Google kauft YouTube")

http://www.freitag.de/kultur/1038-kauf-nicht-bei-majors-oder („Kauf nicht bei Majors!?")

https://produkte.web.de/freemail-webmail/email-adresse/ (web.de – FreeMail)

http://mail.google.com/mail/help/intl/de/about.html (Google Mail)

http://de.wikipedia.org/wiki/Hilfe:Buchfunktion/ (Wikipedia-Buchfunktion)

http://avc.blogs.com/a_vc/2006/03/the_freemium_bu.html (Fred Wilson – The Freemium Business Model)

http://www.xing.com/app/billing (XING –Preise)

http://www.free-av.com/ (Avira AntiVir)

http://www.avira.com/ (Avira GmbH)

http://www.yeseconomy.net/?p=358 („Smarte Pronliner")

http://www.macnotes.de/2009/04/07/neues-preismodell-im-itunes-store-einige-musiktitel-kosten-kunftig-129e/ („Neues Preismodell im iTunes Store: Einige Musiktitel kosten künftig 1,29€")

http://www.ksta.de/html/artikel/1281517282744.shtml („Kölner Angriff auf iTunes")

http://www.jvm.com/de/ideas/#/1_61/ebay-momente/ (Ebay-Werbespot)

http://www.dance-all-day.com (Dance All Day GmbH)

http://www.apple.com/pr/library/2008/06/19itunes.html („iTunes Store Tops Over Five Billion Songs Sold")

http://www.apple.com/de/itunes/ (Apple – iTunes)

http://www.spiegel.de/netzwelt/netzpolitik/0,1518,715476,00.html („Facebook sperrt Ping aus")

http://www.spiegel.de/netzwelt/gadgets/0,1518,715323,00.html („Wieso Apple plötzlich pingt")

http://www.apple.com/de/itunes/ping/ (Apple – iTunes – Ping)

http://www.spiegel.de/netzwelt/web/0,1518,716729,00.html („Amazon spielt Radio")

http://www.amazon.de/MP3-Musik-Downloads/ (Amazon – MP3-Shop)

http://www.napster.de/product_info.html („Napster – Services") http://www.napster.de/more_about_napster/more_about_napster.html („Napster – Mehr zu Napster")

http://www.spiegel.de/wirtschaft/unternehmen/0,1518,689372,00.html („Das Internet, ein Armenhaus für Musiker")

http://www.simfy.de/premium (Simfy – Preise)

http://www.simfy.de/#/faqs/25-welche-vorteile-bietet-mir-die-premium-mitgliedschaft-und-was-kostet-sie (Simfy – Preise)

http://www.spotify.com/ (Spotify)

http://www.heute.de/ZDFheute/inhalt/11/0,3672,8108555,00.html („Streamingdienste und GEMA streiten um Lizenzgebühren")

http://www.spiegel.de/netzwelt/web/0,1518,699475,00.html („Streaming statt Download?")

http://minitech.ws/ (Download-Blog Minitech)

http://www.facebook.com/group.php?gid=206047998347 (Facebook-Gruppe des Download-Blogs Minitech)

https://twitter.com/Minitech_ws (Twitter-Account des Download-Blogs Minitech)

http://hotfile.com/ (Hoster Hotfile)

http://minitech.ws/disclaimer/ (Minitech – Disclaimer)

http://hotfile.com/reportabuse.html (Hoster Hotfile – Report Abuse)

http://www.flickr.com/ (Flickr)